Prática textual:
atividades de leitura e escrita

Dados Internacionais de Catalogação na Publicação (CIP)
(Câmara Brasileira do Livro, SP, Brasil)

Köche, Vanilda Salton
  Prática textual: atividades de leitura e escrita / Vanilda Salton Köche, Odete Maria Benetti Boff, Cinara Ferreira Pavani. 11. ed. – Petrópolis, RJ: Vozes, 2015.

  9ª reimpressão, 2025.

  ISBN 978-85-326-3292-0

  1. Crítica de texto 2. Escrita 3. Leitura 4. Textos I. Boff, Odete Maria Benetti. II. Köche. Vanilda Salton. III. Título.

06-0253   CDD-418

Índices para catálogo sistemático:
1. Prática textual : Atividades de leitura e escrita : Linguística   418

Vanilda Salton Köche
Odete Maria Benetti Boff
Cinara Ferreira Pavani

Prática textual: atividades de leitura e escrita

Petrópolis

© 2006, Editora Vozes Ltda.
Rua Frei Luís, 100
25689-900 Petrópolis, RJ
www.vozes.com.br
Brasil

Todos os direitos reservados. Nenhuma parte desta obra poderá ser reproduzida ou transmitida por qualquer forma e/ou quaisquer meios (eletrônico ou mecânico, incluindo fotocópia e gravação) ou arquivada em qualquer sistema ou banco de dados sem permissão escrita da editora.

CONSELHO EDITORIAL

Diretor
Volney J. Berkenbrock

Editores
Aline dos Santos Carneiro
Edrian Josué Pasini
Marilac Loraine Oleniki
Welder Lancieri Marchini

Conselheiros
Elói Dionísio Piva
Francisco Morás
Teobaldo Heidemann
Thiago Alexandre Hayakawa

Secretário executivo
Leonardo A.R.T. dos Santos

PRODUÇÃO EDITORIAL

Aline L.R. de Barros
Anna Catharina Miranda
Eric Parrot
Jailson Scota
Marcelo Telles
Mirela de Oliveira
Natália França
Priscilla A.F. Alves
Rafael de Oliveira
Samuel Rezende
Verônica M. Guedes

Editoração: Maria da Conceição Borba de Sousa
Diagramação: Anthares Composição
Capa: André Esch

ISBN 978-85-326-3292-0

Este livro foi composto e impresso pela Editora Vozes Ltda.

Sumário

Introdução, 7

1. Níveis de linguagem, 9
2. Coerência textual, 17
3. Coesão textual, 25
4. Operadores argumentativos, 31
5. Tipologias textuais, 39
6. Parágrafo, 49
7. Funções retóricas, 57
8. Argumentação, 67
9. Resumo, 79
10. Esquema/resumo, 87
11. Paráfrase, 91
12. Resenha de obra ou artigo, 95
13. Resenha temática, 105
14. Citação, 111
15. Referências, 117
16. Artigo acadêmico, 129
17. Relatório, 135
18. Estudo de texto, 143
19. Melhorando sua escrita, 171

Referências, 177

Índice, 179

Introdução

Prática textual: atividades de leitura e escrita é o resultado da docência e da pesquisa na área de Língua Portuguesa nos diferentes cursos de graduação, na Universidade de Caxias do Sul.

Este livro apoia-se numa abordagem centrada na aprendizagem, priorizando objetivos determinados a partir das necessidades dos alunos ingressantes no nível superior. As estratégias discursivas são exploradas a partir de textos significativos que contribuem para a formação linguística do aluno.

Os exercícios apresentados foram testados em sala de aula e mostraram-se eficazes no desenvolvimento de competências e habilidades para a recepção, sistematização e produção textual. Com esta obra, objetivamos disponibilizar um material com atividades que possibilitam o exercício da leitura e da escrita, tanto para alunos do Ensino Médio quanto para os de nível superior.

As autoras

I
Níveis de linguagem

A linguagem, segundo Koch, é concebida como lugar de interação que possibilita aos membros de uma sociedade a prática dos mais diversos tipos de atos, que vão exigir dos semelhantes reações e/ou comportamentos, levando ao estabelecimento de vínculos e compromissos anteriormente inexistentes (1997, p. 9-10).

As especificidades de fala e de escrita nas quais ocorrem interações originam diferentes níveis de linguagem, que variam de acordo com o arranjo que se dá à sintaxe, ao vocabulário e à pronúncia. Segundo Vanoye, no interior da língua falada existe uma língua comum, formada por um conjunto de palavras, expressões e construções mais usuais, língua tida como simples, mas correta. A partir desse nível, tem-se, em ordem crescente do ponto de vista da elaboração, a linguagem cuidada e a oratória. E no sentido contrário, da informalidade, tem-se a linguagem familiar e a informal ou "popular" (1996, p. 31). Assim, dependendo da situação de interlocução e da intenção do discurso, o falante/escrevente poderá fazer uso de diferentes níveis de linguagem.

A distinção entre os níveis de linguagem pode calcar-se em critérios distintos. Por exemplo, a linguagem popular e a cuidada, conforme aponta Vanoye, apoia-se num critério sociocultural, ao passo que a distinção entre a linguagem informal e a oratória tem por base sobretudo uma diferença de situação comunicativa. O indivíduo não empregará a mesma linguagem ao fazer um discurso e ao conversar com os amigos em um bar (1996, p. 31). Portanto, em relação aos níveis, a linguagem pode ser familiar, popular, comum, cuidada e oratória.

Vejamos a seguir exemplos que caracterizam cada uma das linguagens.

1.1 Linguagem familiar

Seguinte, o Cabeludo fica perto de uma igreja. Pra chegar lá, tu pega a 13 de Maio (a rua que tu pega p/ chegar na tua academia) só que pela 18 do Forte (a rua da Igreja de Lourdes, ali perto da casa de vocês). Vindo pela 18 do Forte, tu pega à esquerda, na 13 de Maio e passa 4 ruas e na 5ª tu entra à direita. Depois tu segue reto, tu vai fazer um curvão pra direita e ali já dá pra ver a igreja. O Cabeludo fica na frente.

Qualquer coisa é só pedir para qualquer pessoa ali onde é que fica o Cabeludo (Casa de Surdinas Cabeludo) que eles vão te informar melhor. O James sabe onde fica e o Michel tb eu acho.

Eu tenho que ir ajeitar uns troços do reboque pq meu pai vai precisar hj à tarde. Desculpa não poder esperar. Um abraço!

Roger

A linguagem familiar corresponde a um nível menos formal, mais cotidiano da língua. O vocabulário é empregado com relativa obediência às normas gramaticais.

1.2 Linguagem popular

Incelentíssima dotôra
peço perdão à senhora
desta carta lhe enviá
mas leia os versos rastêro
de um cabôco violêro
do sertão do Ceará.

Sou o cantadô Patativa
que trôxe aquela missiva
aquele papé escrito
e cantou no seu salão
com a recomendação
do Zé Carvaio de Brito.

(ASSARÉ, Patativa do. *Digo e não peço segredo*. São Paulo: Escrituras, 2001. p. 77.)

A linguagem popular apresenta desvios da linguagem padrão. Caracteriza-se pelo excesso de gírias, onomatopeias, clichês e formas deturpadas, como, por exemplo, dotôra (doutora), cabôco (caboclo), cantadô (cantador), trôxe (trouxe), papé (papel).

1.3 Linguagem comum

> Por quem elas mugem?
>
> Cientistas canadenses estão tentando descobrir do que as vacas gostam. Parece inútil, mas uma vaca feliz produz 15% a mais de leite. Eles fizeram os ruminantes andar por um labirinto em que cada corredor levava a uma opção diferente. A conclusão foi que elas não dão a mínima para afagos, carinhos ou voz suave. Só interessa comida (POR QUEM elas mugem? *Superinteressante*, São Paulo, ed. 179, p. 18, mar. 2003).

A linguagem comum é simples, com uma sintaxe acessível ao leitor comum. É empregada em jornais, revistas e noticiários, dentre outros.

1.4 Linguagem cuidada

O conhecimento científico é um produto resultante da investigação científica. Surge não apenas da necessidade de encontrar soluções para problemas de ordem prática da vida diária, característica essa do conhecimento do senso comum, mas do desejo de fornecer explicações sistemáticas que possam ser testadas e criticadas através de provas empíricas e da discussão intersubjetiva. É produto, portanto, da necessidade de alcançar um conhecimento "seguro" (KÖCHE, José Carlos. *Fundamentos da metodologia científica*. 18. ed. Petrópolis: Vozes, 2000. p. 29).

A linguagem cuidada emprega um vocabulário mais preciso, mais raro e uma sintaxe mais elaborada que a da linguagem comum. É usada, por exemplo, em livros didáticos, artigos científicos e correspondências oficiais.

1.5 Linguagem oratória

Quatro ignorâncias podem concorrer em um amante, que diminuam muito a perfeição e merecimento de seu amor: ou porque não se conhecesse a si; ou porque não conhecesse a quem amava; ou porque não conhecesse o amor; ou porque não conhecesse o fim onde há de parar, amando. Se não se conhecesse a si, talvez empregaria o seu pensamento onde não o havia de pôr, se conhecera. Se não conhecesse a quem amava, talvez quereria com grandes finezas a quem havia de aborrecer, se não o ignorava. Se não conhecesse o amor, talvez se empenharia cegamente no que não havia de empreender, se o soubera. Se não conhecesse o fim em que havia de parar, amando, talvez chegaria a padecer os danos a que não havia de chegar, se os previra. Todas essas ignorâncias que se acham nos homens, em Cristo foram ciências e em todas e cada uma crescem os quilates do seu extremado amor (VIEIRA, Antônio. *Sermões*. São Paulo: Agir, [s.d.]. p. 59-60).

A linguagem oratória cultiva os efeitos sintáticos, rítmicos e sonoros, utilizando imagens. É usada em sermões e discursos.

Observação: A linguagem literária, dependendo da intenção do escritor e da situação de interlocução, pode assumir os mais variados níveis.

Atividades

1) Identifique os níveis de linguagem:

a) A Dynacom lançou um teclado que promete reduzir os problemas de quem digita muito no computador e também eliminar as dores de cabeça dos mais desastrados. Seu teclado ergonômico TE-200 vem equipado com uma membrana interna que protege o mecanismo de acionamento das teclas dos acidentes com todo tipo de líquidos, de café a refrigerantes. O apoio frontal e a altura regulável do teclado ajudam a acomodar melhor pulsos e mãos. Já a disposição das teclas permite digitar com os braços na mesma posição de quando estão em repouso. Preço: 55 reais. Dynacom, tel. (011) 857-1399 (COM AS MÃOS a salvo. *Info Exame*, São Paulo, ano 12, n. 143, p. 94, fev. 1998).

b) Nesta oportunidade, vimos solicitar-lhe a gentileza de comparecer a esta empresa para tratarmos de assuntos ligados a débitos verificados em seu cadastro.

c) Neste momento, temos a satisfação de apresentar mais um projeto de lei que, sem dúvida alguma, se aprovado, trará muitas conquistas para a nossa progressista comunidade. Sabedores do desejo popular de que nosso município, com todo o merecimento, tenha mais uma via de acesso asfaltada e de que toda a nação brasileira o veja como exemplo de progresso e pujança, estamos aqui para defender esse interesse que não é meu, nem de um só vereador, mas é de nossa abnegada e dedicada população.

d) Beleza! Este carro tá uma belezura. Meu filho, certamente, vai gostar de ver o revestimento desses bancos.

e) Desculpe, veio. É só jeito de falar. Você não entende o papo da gente.

f) A comunicação pressupõe que os indivíduos têm um repertório de palavras em comum e compreendam tais palavras do mesmo modo. Entretanto, se a rigor é possível chegar a um entendimento sobre as palavras concretas, não se dá o mesmo em relação às palavras abstratas, de significado mais frouxo e mais disperso. A compreensão só pode ocorrer na medida em que uma palavra apresenta para vários significados um certo grau de uniformidade, fixado pelo uso da língua. Em outras palavras, não existe um sentido comum genuíno, mas sim uma espécie de acordo implícito sobre o uso e a aplicação das palavras (VANOYE, Francis. *Usos da linguagem*. São Paulo: Martins Fontes, 1996. p. 33).

g) – Se abanque, no más – disse o analista de Bagé, indicando o divã.
– Eu, ahn, prefiro ficar de pé – disse o moço.
– Se abanque, índio velho, que tá incluído no preço (VERISSIMO, Luis Fernando. *O analista de Bagé*. Porto Alegre: L&PM, 1997. p. 20).
h) – Paulo, o telefone tá tocando.
– Não posso, estou no banho!
– Tá bem, então, eu atendo.

2) Escreva um bilhete convidando um amigo íntimo para a sua festa de aniversário e um outro para o juiz da cidade, que é seu padrinho de batismo. Atente para a variedade da linguagem.

3) Transcreva a letra da música *Inútil*, de Roger Rocha Moreira, para a linguagem comum.

> A gente não sabemos escolher presidente
> A gente não sabemos tomar conta da gente
> A gente não sabemos nem escovar os dente
> Tem gringo pensando que nóis é indigente
> Inútil
> A gente somos inútil
> A gente faz carro e não sabe guiar
> A gente faz trilho e não tem trem pra botar
> A gente faz filho e não consegue criar
> A gente pede grana e não consegue pagar
> Inútil
> A gente somos inútil
> A gente faz música e não consegue gravar
> A gente escreve livro e não consegue publicar
> A gente escreve peça e não consegue encenar
> A gente joga bola e não consegue ganhar
> Inútil
> A gente somos inútil

4) Leia a notícia da revista *Veja* que segue:

E tome realidade
Sexo sem camisinha no *Big Brother Brasil*

Aconteceu. Participantes de um *reality show* reconheceram, no ar, que fizeram sexo diante das câmaras. A proeza coube à vendedora pernambucana Tarciana de Lima Mafra Guimarães e ao pagodeiro paulista Jeferson de Oliveira, concorrentes do *Big Brother Brasil II*, da Rede Globo. No episódio de segunda-feira passada, Tarciana explicou a mecânica do intercurso, enquanto imagens do casal apareciam na tela. [...] A Globo rompeu o tabu. Parece, contudo, que se arrependeu. Tanto assim que deixou no arquivo duas outras cenas tórridas do mesmo casal. Por causa do que foi ao ar, a Secretaria Nacional de Justiça mudou a classificação etária do programa para 16 anos e liberou sua exibição somente para após as 22 horas. E até o Ministério da Saúde repreendeu os pombinhos luxuriosos. Motivo: eles não usaram camisinha (VALLADARES, Ricardo. E tome realidade. *Veja*, São Paulo, ano 35, n. 24, ed. 1756, p. 125, 19 jun. 2002).

Dependendo do contexto social e da situação de interlocução, a língua assume diferentes variedades, reveladas nos diversos modos de se falar e escrever. E essas variedades devem ser respeitadas. Levando em conta o que foi dito, elabore comentários sobre o episódio acontecido, que serão apresentados para seus colegas de aula, em diferentes níveis de linguagem:

a) Comentário de um membro da Censura de programas televisivos.

b) Comentário de um membro do Ministério da Saúde.

c) Comentário de uma mãe de família italiana.

d) Comentário de um participante de encontro de casais católicos.

e) Comentário da mãe de Tarciana.

f) Comentário do pai de Jeferson, que é um homem simples.

g) Comentário de um senhor idoso, de moral rígida, residente em uma cidade do interior.

h) Comentário de um padre.

i) Comentário de um adolescente, com uma linguagem carregada de muitas gírias.
j) Comentário de uma feminista radical.
k) Comentário de um amigo de Jeferson, pagodeiro, de São Paulo.
l) Comentário de um casal de namorados, amigos de Tarciana, pernambucanos.
m) Comentário do produtor do *Big Brother Brasil II*.

2
Coerência textual

Para Koch (1997), a coerência textual é o resultado de um processo de construção do sentido feito pelos interlocutores, numa situação de interação. Ela permite que uma sequência linguística constitua-se em um texto, pois estabelece relações entre os seus elementos (palavras, expressões, frases, parágrafos, capítulos). A coerência, no entanto, não está somente dentro dos textos, mas é construída também pelo receptor, no momento da leitura.

A coerência constitui a textualidade, ou seja, faz de uma sequência linguística um texto e não um amontoado aleatório de frases ou palavras, conforme a referida autora. O texto, por sua vez, "é entendido como uma unidade linguística concreta (perceptível pela visão ou audição), que é tomada pelos usuários da língua (falante, escritor/ouvinte, leitor), em uma situação de interação comunicativa específica, como uma unidade de sentido e como preenchendo uma função comunicativa reconhecível e reconhecida, independente de sua extensão" (KOCH; TRAVAGLIA, 1989, p. 8-9).

A coerência e a coesão textual estão intimamente relacionadas. No entanto, há textos que podem ser coerentes sem possuir elementos explícitos de coesão e outros que apresentam uma sequência de enunciados coesos, mas não constituem textos, pois falta-lhes a coerência.

Observemos as diferenças com relação à coerência nos três textos que seguem:

Texto 1

É verdade que a cada geração ficamos mais altos?

Sim, principalmente nos países desenvolvidos. Apesar de o crescimento ser limitado pela genética, a melhora na dieta e nas condições de saúde sempre traz centímetros a mais. "O consumo de proteínas estimula a produção de células dos tecidos ósseos e musculares, acelerando o crescimento", diz a nutricionista paulista Flora Spolidoro (É VERDADE que a cada geração ficamos mais altos? *Superinteressante*, São Paulo, ed. 155, p. 41, ago. 2000).

Texto 2

Cidadezinha qualquer

Casas entre bananeiras
Mulheres entre laranjeiras
Pomar amor cantar.

Um homem vai devagar.
Um cachorro vai devagar.
Um burro vai devagar.

Devagar... as janelas olham.

Eta vida besta, meu Deus.

(ANDRADE, Carlos Drummond de. *Antologia poética*. 24. ed. Rio de Janeiro: Record, 1990. p. 44.)

Texto 3

Pessoas que tomam café da manhã todos os dias correm menos riscos de ter infecções, conforme estudos realizados. As infecções são comuns em crianças que frequentam a escola pela primeira vez. Por isso, a escola tem como filosofia o desenvolvimento de um processo de ensino-aprendizagem construtivista.

No texto 1, observa-se coerência entre as sentenças. A resposta à pergunta formulada é coerente e esclarece que o aumento do crescimento a cada geração deve-se ao consumo de proteínas.

No texto 2, há unidade de sentido. Trata-se da descrição poética de uma cidadezinha pacata, possuindo um enfoque depreciativo (Eta vida besta, meu Deus). É um texto coerente, embora não apresente elementos coesivos.

No texto 3, apesar da presença de elementos de ligação entre as sentenças, constata-se incoerência entre elas. O tópico frasal (1ª oração) não é desenvolvido nas orações subsequentes. Outras ideias são inseridas no parágrafo sem o estabelecimento de relações de sentido com as anteriores.

2.1 Fatores de coerência

Entre os principais fatores de coerência, destacam-se os elementos linguísticos, o conhecimento de mundo, os implícitos e a intertextualidade.

2.1.1 Elementos linguísticos

Os elementos linguísticos, como os itens lexicais e as estruturas sintáticas, desempenham papel importante para a compreensão textual, uma vez que ajudam a ativar os conhecimentos armazenados na memória do leitor e os sentidos dos enunciados que compõem cada texto. Desse modo, o contexto linguístico, contemplado inclusive pelos elementos de coesão, é determinante na constituição da coerência.

2.1.2 Conhecimento de mundo

A coerência de um texto tem estreita relação com a experiência de mundo do sujeito que o lê. Está relacionada ao conhecimento sobre o assunto por parte do interlocutor. Se o leitor não está informado sobre a temática do texto, este poderá lhe parecer incoerente, pois falta-lhe o conhecimento para apreender o sentido. Vejamos:

Sarney compara a operação da PF ao caso **Watergate** (FERNANDES, Daniela. Sarney compara a operação da PF ao caso Watergate. *Folha de S. Paulo*, São Paulo, ano 82, n. 26643, p. A5, 14 mar. 2002).

O exemplo ilustra a necessidade de conhecer o assunto para a compreensão da manchete. Se o leitor não tiver a informação do que seja o caso *Watergate* (espionagem que provocou a renúncia do presidente norte-americano Richard Nixon), não terá elementos para relacioná-lo com a candidatura de Roseana Sarney à presidência da República, filha de José Sarney, ex-presidente da República (denúncia de grande quantidade de dinheiro encontrado no escritório do marido leva à renúncia de sua candidatura).

2.1.3 Implícitos

Os implícitos são aquelas informações que necessitam de um ato de inferência ou de pressuposição para o entendimento, pois não aparecem explicitamente no texto.

A inferência é uma afirmação implícita que pode ser negada pelo texto, já que é o leitor que a constrói.

Exemplo:

a) A faculdade vai comprar o Patativa do Assaré?

b) Está no ENADE. (A resposta é dada de modo a entender que o livro será comprado, pois consta na bibliografia do Provão do Curso de Letras.)

A pressuposição é uma afirmação implícita que não pode ser negada pelo texto, porque há um elemento linguístico que a comprova.

Exemplo:

João parou de jogar. (O verbo *parou* pressupõe que João jogava.)

2.1.4 Intertextualidade

Para o entendimento de um texto, frequentemente, acessa-se o conhecimento prévio, decorrente de leituras anteriores. A intertextualidade ocorre quando o autor utiliza conteúdos referidos direta ou indiretamente de outros textos. Vejamos o exemplo:

"Não só de pão vive o homem, mas de toda a palavra da boca de Deus" (LUCAS. Preparação para a vida pública de Jesus. In: *Bíblia Sagrada*. 47. ed. São Paulo: Ave Maria, 1985. cap. 4, vers. 4, p. 1350).

"Não só de repolhos, nabos e batatas viverá o homem, mas também de violetas, orquídeas e rosas..." (ALVES, Rubem. Sobre moluscos, conchas e beleza. *Folha de S. Paulo*, São Paulo, ano 82, n. 26660, p. A3, 31 mar. 2002).

Rubem Alves escreve valendo-se da passagem bíblica em que Jesus responde ao diabo, no momento em que é tentado no deserto. Reinterpretando-a, diz que ao homem não basta o alimento para viver; ele também precisa da beleza, representada pelas flores.

Atividades

1) Leia os enunciados que seguem e diga se há ou não coerência. Caso ocorram incoerências, aponte-as.
 a) Maria tinha feito o almoço, quando chegamos, mas ainda estava fazendo.
 b) Pedro não foi ao *shopping*, entretanto, estava doente.
 c) A caturrita estava grávida.
 d) Mário foi à solenidade, todavia, ele não fora convidado.
 e) Mário foi à solenidade, todavia, ela não fora convidada.
 f) Mário foi à solenidade, porque fora convidado.
 g) Mário foi à solenidade, todavia, porque não fora convidado.
 h) Mário foi à solenidade, todavia, porque não fora convidado, pediram-lhe que se retirasse.
 i) Mário não foi à solenidade, embora tivesse sido convidado.
 j) Prezado cliente
 Solicitamos a gentileza de comparecer a nossa central de crédito para o acerto de seus débitos. Só a sua presença é que poderá resolver esse galho. Cordialmente.
 k) Aninha era uma menina que sonhava em possuir um patinete, sempre que via Paula brincando com o dela.

Imaginava como seria bom se pudesse andar no patinete da amiga. Certo dia, Paula esqueceu-o na casa de Aninha, e esta resolveu brincar de bonecas.

1) Daniel é um adolescente encantado por filosofia. Na escola, demonstra conhecer as obras dos grandes filósofos. No recreio, não deixa sua professora de história descansar porque deseja saber as causas dos movimentos sociais, e é contra todas as terapias alternativas. Quando trouxe uma fotografia de seu quarto para que seus professores o conhecessem, revelava a presença de amuletos, cristais, pirâmides e pêndulos.

2) Leia os poemas que seguem. Após, responda as questões:

Texto 1 – Meus oito anos

Oh! Que saudades que tenho
Da aurora da minha vida
Da minha infância querida
Que os anos não trazem mais!
Que amor, que sonhos, que flores,
Naquelas tardes fagueiras,
À sombra das bananeiras
Debaixo dos laranjais!
[...]

Como são belos os dias
Do despontar da existência!
– Respira a alma inocência
Como perfumes a flor;
O mar é – lago sereno,
O céu – um manto azulado,
O mundo – um sonho dourado,
A vida – um hino d'amor!
[...]

(ABREU, Casimiro de. Meus oito anos. In: ALVES, Afonso Telles (Org.). *Antologia de poetas brasileiros*. São Paulo: Logos, [s.d.]. p. 67.)

Texto 2 – Doze anos

Ai, que saudades que eu tenho
Dos meus doze anos
Que saudade ingrata
Dar banda por aí
Fazendo grandes planos
E chutando lata
Trocando figurinha

Matando passarinho
Colecionando minhoca
Jogando muito botão
Rodopiando pião
Fazendo troca-troca

Ai que saudades que eu tenho
Duma travessura
O futebol de rua
Sair pulando muro
Olhando fechadura
E vendo mulher nua
Comendo fruta no pé

Chupando picolé
Pé de moleque, paçoca
E, disputando troféu
Guerra de pipa no céu
Concurso de piroca

(HOLLANDA, Chico Buarque de. *Chico Buarque*: letra e música. São Paulo: Companhia das Letras, 1989. p. 159.)

a) O poema *Meus oito anos*, de Casimiro de Abreu, é um texto coerente? Justifique.

b) Os dois poemas retratam a mesma fase da vida? Qual?

c) Os sentimentos expressos pelo texto 2 são os mesmos do texto 1? Explique.

d) A intertextualidade pressupõe um trabalho de transformação de um texto pelo outro. É o que se observa no poema *Doze anos*, de Chico Buarque, em relação ao poema *Meus oito anos*, de Casimiro de Abreu. A partir do que foi dito, comente a relação intertextual presente nos dois poemas.

3) Observe a afirmação:

Naquela casa, as coisas não estão bem. Pedro continua batendo na mulher e João voltou a beber.

Na frase, encontram-se inferidas outras afirmações. Assinale aquela cuja verdade não está pressuposta na frase:

a) Pedro batia na mulher.
b) João parou de beber em um momento passado.
c) João bebe atualmente.
d) João sempre bebeu.

4) Observe a sentença:

Marisa comprou um colar de diamantes.

A partir da afirmação, assinale a que só pode ser inferida mediante um contexto:

a) Marisa tem um colar.
b) Marisa tinha recursos para comprar um colar.
c) Marisa é muito rica.
d) Marisa é uma companhia agradável.

5) Do ponto de vista dos significados, as palavras podem ser reunidas em campos semânticos, agrupadas conforme uma mesma área de conhecimento ou de experiências humanas, por exemplo, *professor – aluno – sala de aula* podem ser reunidos no campo *escola*. A partir desse conceito, assinale a alternativa que contém palavras de um mesmo campo semântico:

a) ciência – pesquisa – dados – arte
b) futebol – bola – juiz – sineta
c) ambulância – feridos – hospital – polícia
d) *skate* – xadrez – *surf* – impressora

6) Crie grupos com o mesmo campo semântico para as seguintes palavras:

a) universidade:
b) amigos:
c) origens:
d) festa:

3
Coesão textual

A coesão textual, para Halliday e Hasan (1976), diz respeito às relações de sentido que ocorrem no interior do texto, por meio das quais uma sentença se liga à outra. Essa ligação dá-se através do emprego de elos coesivos na organização textual, permitindo a concatenação das suas partes.

Desse modo, a coesão possibilita a ligação dos elementos que constituem o texto e gera uma interdependência interna organizada. Ela se realiza na conexão de vários enunciados, a partir das relações de sentido que existem entre eles, expressos por certas categorias de palavras, chamadas de conectivos. Existem diferentes estratégias de coesão que dependem das escolhas do autor e das intenções comunicativas.

A rede de relações de um texto, responsável pela construção do sentido global, pode ser estabelecida por dois grandes conjuntos: o da coesão referencial e o da coesão sequencial. Apresentaremos a seguir apenas os elementos da coesão referencial, em que um componente da superfície do texto faz remissão a outro(s) elemento(s) do universo textual (KOCH, 1994, p. 30).

3.1 Mecanismos de coesão referencial

Halliday e Hasan (1976) citam como principais fatores de coesão referencial a substituição, a referência, a coesão lexical, a elipse e a conjunção.

3.1.1 Coesão por substituição

A coesão por substituição consiste em utilizar conectivos ou expressões (diante do que foi exposto, tudo o que foi dito, esse quadro, a partir dessas considerações etc.) para sintetizar e retomar substantivos, verbos, expressões e partes de textos já referidos.

Exemplos:
- O temporal destruiu o telhado da escola. **Em vista disso**, as aulas foram suspensas.
- A temperatura baixou na serra gaúcha. **Por essa razão,** houve o aumento das vendas de roupas de lã.
- Marcos, Tiago e Mateus compraram um Fiesta, um Corsa e um Gol, **respectivamente**.

3.1.2 Coesão referencial

A coesão referencial realiza-se pela referência de elementos do próprio texto. Para efetivá-la, são usados pronomes pessoais, possessivos, demonstrativos ou advérbios e expressões adverbiais que indicam a localização.

Exemplos:
- Ana é uma excelente funcionária. **Ela** sempre cumpre as metas propostas.
- Paulo aplica seu dinheiro na poupança e Joaquim **o** aplica em ações.
- Pedro comprou um anel para oferecê-**lo** no aniversário de Maria.
- Prefiro Bento Gonçalves a Porto Alegre. **Esta** é mais violenta, **aquela** é mais calma. **Ambas** oferecem boas perspectivas profissionais.
- Fui visitar a Igreja Santo Antônio de Bento Gonçalves. **Lá**, encontrei o vigário que era meu amigo de infância.
- Pedi **uma** fatia de torta. **A** fatia, entretanto, estava muito grande.

Observação: O mecanismo de coesão referencial estaria mal empregado se escrevêssemos, na segunda sentença: Uma fatia, entretanto, estava muito grande.

3.1.3 Coesão lexical

A coesão lexical de um texto depende de um certo grau de redundância, através da qual retomam-se as ideias e parte delas, utilizando-se de palavras já ditas, sinônimos, hiperônimos, nomes genéricos ou palavras do mesmo campo semântico.

Exemplos:
- O aluno entrou na sala. O **aluno** estava atrasado. (repetição)
- O aluno entrou na sala. O **estudante** estava atrasado. (sinônimo)
- Pedro desenhou quadrados, retângulos e losangos. Os **quadriláteros** estavam corretos. (hiperônimo)
- Pedro desenhou quadrados, retângulos e círculos. As **figuras geométricas** estavam corretas. (nome genérico)
- A **escola** estava aberta. Dezenas de **alunos** e **professores** circulavam nos corredores. (palavras do mesmo campo semântico)

3.1.4 Coesão por elipse

Na construção de um texto, muitas vezes, certas palavras, expressões e até frases podem ser omitidas, evitando-se, assim, a repetição desnecessária, mas garantindo-se o sentido. A elipse pode estar marcada por vírgula. Os pronomes, os verbos, os nomes e as sentenças podem estar implícitos.

Exemplos:
- Eles acordaram e viajaram. (elipse de pronome – *eles*)
- Eu comprei camisas, minha irmã, saias. (elipse de verbo – *comprou*)

- Esta questão foi a mais difícil da prova. (elipse de nome – *questão*)
- Você já leu todo o livro? – Li. (elipse de sentença – *já li todo o livro*)

3.1.5 Coesão por conjunção

A conjunção estabelece relações significativas específicas entre os elementos do texto. Exemplos:
- Fomos a Gramado. **Depois**, jantamos em Nova Petrópolis.
- Fomos a Gramado. **Logo após**, jantamos em Nova Petrópolis.

Atividades

1) Construa uma nova versão dos textos que seguem, utilizando os mecanismos de coesão que julgar adequados, visando torná-los mais coesos.

Texto A – O **estresse** não só acontece nas grandes cidades, pois nossos antepassados já tinham **estresse**, mas é importante salientar que as manifestações do **estresse** eram espaçadas no tempo. As pessoas de pequenas cidades também têm **estresse** por preocupações, tensões do dia a dia, instabilidade econômica do mercado, desemprego. Por outro lado, o **estresse** não vem somente com coisas ruins, o **estresse** também vem nas situações em que aspiramos a avançar mais. Ganhar na loto é um **estresse** do mesmo nível de uma demissão do emprego, só que é chamado de **estresse** positivo (BACCARO, Archimedes. *Vencendo o estresse*. Petrópolis: Vozes, 1997. p. 17). – Adaptação das autoras.

Texto B – Os **golfinhos** são graciosos. Os **golfinhos** têm um ar de irresistível inteligência e os **golfinhos** encantam os humanos – mas milhares de **golfinhos** morrem todos os anos, vítimas dos pescadores. Os barcos pesqueiros jogam redes imensas para capturar os cardumes de atum e acabam prendendo os **golfinhos**, quando os **golfinhos** sobem para respirar. As campanhas de preservação dos **golfinhos** já conseguiram reduzir a matança em 80%. Só agora um acordo feito entre os dez países que pescam atum nas águas da parte leste do Pacífico, responsáveis pela morte de 25.000 **golfinhos** em 1991, pretende levar a operação resgate ao limite máximo. Alguns ecologistas duvidam de que esse acordo vá diminuir a matança de **golfinhos** nos próximos anos (SANTOS, Marcos César de Oliveira. *Baleias e golfinhos*. São Paulo: Ática, 1996. p. 51). – Adaptação das autoras.

2) Escreva um texto explicativo coeso e coerente, partindo do pressuposto de que seria publicado em uma revista de Ciências, para o público em geral, a partir das seguintes informações:

a) Os fungos são organismos muito importantes para o ambiente.

b) Os fungos atuam como decompositores da matéria em organismos mortos.

c) Os fungos fazem uma espécie de faxina natural e devolvem ao solo muitos nutrientes.

d) Os nutrientes devolvidos ao solo pelos fungos são aproveitados pelos vegetais.

e) Alguns fungos oferecem vantagens e outros se mostram como problemas.

f) Os fungos podem ser aproveitados na produção de pães, álcool e bebidas alcoólicas.

g) Dos fungos podem ser produzidos medicamentos.

h) A penicilina é um medicamento produzido por fungos.

3) Destaque do texto dois casos em que ocorra um mecanismo de coesão por elipse e dois por referência.

Água é o melhor remédio

O alerta vem de médicos de diversos países, convencidos de que as pessoas não conhecem direito os benefícios desta santa fórmula, o H_2O. Ela é simples, eficiente e sem contraindicações. Basta seguir uma receita trivial – tome pelo menos oito copos de água por dia – e os efeitos aparecem no corpo inteiro, do cérebro aos intestinos e ossos. O difícil é descobrir algo que a água não faça dentro do organismo. Ela transporta nutrientes para as células, dissolve vitaminas e sais minerais dentro delas, ajuda a desintoxicar os rins, dá flexibilidade aos músculos, lubrifica as juntas ósseas e refrigera o corpo ao expulsar pela pele o suor aquecido. Perder apenas 20% dos 40 ou 50 litros do volume total de água no corpo pode ser mortal. A sede já é sinal de desidratação. E, se você não beber água, podem aparecer sintomas mórbidos. Eles surgem no cérebro, que é 74% líquido. Se ele começa a secar, você sente dor de cabeça, moleza e um pouco de confusão mental. Já o sangue, que contém 80% de H_2O, engrossa, elevando a pressão. E o apetite também desaparece. Portanto, não perca tempo: encha a cara de água (ÁGUA é o melhor remédio. *Superinteressante*, São Paulo, ed. 179, p. 24, ago. 2002).

4
Operadores argumentativos

Os operadores argumentativos são elementos linguísticos que servem para orientar a sequência do discurso, isto é, "para determinar os encadeamentos possíveis com outros enunciados capazes de continuá-lo" (KOCH, 1993, p. 104-105), tornando-o coeso e contribuindo para a construção de sua coerência. Nesse sentido, constituem marcas linguísticas importantes da argumentação.

Funcionam como operadores argumentativos, segundo Koch, os advérbios, as preposições, as conjunções, as locuções adverbiais, prepositivas e conjuntivas ou, então, palavras que, de acordo com a NGB (Nomenclatura Gramatical Brasileira), não se enquadram em nenhuma das dez classes gramaticais, como os *denotadores de inclusão* e os *denotadores de exclusão*.

Para a elaboração de um bom discurso, com organização e coesão, faz-se uso dos principais operadores argumentativos, apresentados a seguir.

a) Os *operadores de adição* somam argumentos a favor de uma mesma conclusão, e fazem parte de uma mesma classe argumentativa. São eles: e, também, ainda, nem etc.

(1) Os velhos urubus entortaram o bico, o rancor encrespou a testa, **e** eles convocaram pintassilgos, sabiás e canários para um inquérito (ALVES, Rubem. *Estórias de quem gosta de ensinar*. São Paulo: Cortez, 1984. p. 61-62).

b) Os *operadores de finalidade* indicam uma relação de finalidade. Destacam-se: a fim de, a fim de que, com o intuito de, para, para a, para que, com o objetivo de etc.

(2) Nas duas semanas seguintes, mais de uma vez armou-se de coragem **para** falar com Aurélio (POZENATO, José Clemente. *A Cocanha*. Porto Alegre: Mercado Aberto, 2000. p. 204).

c) Os *operadores de causa e consequência* iniciam uma oração subordinada, denotadora de causa. São eles: porque, visto que, em virtude de, uma vez que, devido a, por motivo de, graças a, em razão de, em decorrência de, por causa de, pois, como, por isso que, já que, visto que etc.

(3) A esposa trabalhava agora com mais vontade, e assim era preciso, **uma vez que**, além das costuras pagas, tinha de ir fazendo com retalhos o enxoval da criança (ASSIS, Machado de. Pai contra mãe. In: MORICONI, Ítalo (Org.). *Os cem melhores contos brasileiros do século*. Rio de Janeiro: Objetiva, 2001. p. 22).

d) Os *operadores de explicação* introduzem uma justificativa ou explicação relativa ao enunciado anterior. Entre eles, citam-se: porque, que, já que, pois etc.

(4) Restavam-me, portanto, menos de duas horas, **pois** o trem chegaria às cinco (LINS, Osman. A partida. In: MORICONI, Ítalo (Org.). *Os cem melhores contos brasileiros do século*. Rio de Janeiro: Objetiva, 2001. p. 191).

e) Os *operadores de oposição* contrapõem argumentos voltados para conclusões contrárias. Os principais são: mas, porém, contudo, todavia, entretanto, no entanto, embora, muito embora, contra, apesar de, não obstante, ao contrário, conquanto, a despeito de etc.

(5) Posso perfeitamente respeitar uma pessoa diferente e estranha, **embora** nunca pretenda amá-la (KANITZ, Stephen. Respeitai-vos uns aos outros. *Veja*, São Paulo, ano 36, n. 1, ed. 1784, 8 jan. 2003. Ponto de vista, p. 18).

f) Os *operadores de condição* indicam uma hipótese ou uma condição necessária para a realização ou não de um fato.

Destacam-se: caso, se, contanto que, a não ser que, a menos que, desde que etc.

(6) Mas os meninos teriam de começar tudo do nada, ou passar a vida trabalhando para os outros, como teria sido o destino deles **se** os pais ficassem na Itália (POZENATO, José Clemente. *A Cocanha*. Porto Alegre: Mercado Aberto, 2000. p. 249).

g) Os *operadores de tempo* indicam uma circunstância de tempo. Entre eles, relacionam-se: em pouco tempo, em muito tempo, logo que, assim que, antes que, depois que, quando, sempre que etc.

(7) Ela responde que não é nenhum incômodo, ao contrário, fará isso com o maior prazer. **Depois** poderão conversar sobre o livro, se ela quiser, é claro (POZENATO, José Clemente. *A Cocanha*. Porto Alegre: Mercado Aberto, 2000. p. 151).

h) Os *operadores de proporção* iniciam uma oração que se refere a um fato realizado ou para realizar-se simultaneamente a outro. São eles: à medida que, à proporção que, ao passo que, tanto quanto, tanto mais etc.

(8) Na Nova Zelândia ou nos EUA, um pontinho a mais de inflação causa enorme estrago, pois afeta contratos longos por toda a sua extensão, **ao passo que**, no Brasil, o efeito só é sentido até o reajuste (FRANCO, Gustavo. Vivendo perigosamente. *Veja*, São Paulo, ano 36, n. 9, ed. 1792, 5 mar. 2003. Em foco, p. 95).

i) Os *operadores de conformidade* exprimem uma ideia de conformidade ou acordo em relação a um fato expresso na oração principal. Os principais são: para, segundo, conforme, de acordo com, consoante, como etc.

(9) Manaus é a maior e a melhor cidade do Norte do País, **segundo** pesquisa da *Simonsen Associados*, publicada pela Revista Exame (A METRÓPOLE Verde. *Veja*, São Paulo, ano 36, n. 9, ed. 1792, p. 107, 5 mar. 2003).

j) Os *operadores de conclusão* introduzem uma conclusão relacionada a argumentos apresentados anteriormente. Destacam-se: portanto, então, assim, logo, por isso, por conseguinte, pois (posposto ao verbo), de modo que, em vista disso etc.

(10) Um escritor respondeu que se parasse de escrever morreria, **portanto** escrevia para não morrer... (LUFT, Lya. Por que escrever? *Zero Hora*, Porto Alegre, p. 3, 21 jun. 2003).

k) Os *operadores alternativos* introduzem argumentos alternativos, levando a conclusões opostas ou diferentes. Entre eles, relacionam-se: ou, ou...ou, ou então, quer...quer, seja...seja, ora...ora etc.

(11) Sem ninguém por perto ia se esquecer até de falar, **ou** ia terminar falando sozinha, como fazem os loucos (POZENATO, José Clemente. *A Cocanha*. Porto Alegre: Mercado Aberto, 2000. p. 154).

l) Os *operadores de comparação* estabelecem relações de comparação entre elementos. Destacam-se entre eles: mais... (do) que, menos que, tão (tanto)...como, tão (tanto, tal)... quanto, assim como etc.

(12) Gostava de o ver **como** se gosta de ver um dia bonito, sem morrer de amores pelo sol (ASSIS, Machado de. Miss Dolar. In: _____. Contos fluminenses. Rio de Janeiro: W.M. Jackson, 1946. v. 1, p. 30).

m) Os *operadores de esclarecimento* introduzem um enunciado que esclarece o anterior. Dentre eles, citam-se: vale dizer, ou seja, quer dizer, isto é etc.

(13) Uma língua não para nunca. Evolui sempre, **isto é**, muda sempre (LOBATO, Monteiro. *Emília no País da Gramática*. 3. ed. São Paulo: Brasiliense, 1952. p. 100).

n) Os *operadores de inclusão* assinalam o argumento mais forte, orientando no sentido de uma determinada conclusão. Citam-se: até, mesmo, até mesmo, inclusive, também etc.

(14) Dasdores sente-se livre em meio às tarefas, e **até mesmo** extrai delas algum prazer (ANDRADE, Carlos Drummond de. Presépio. In: MORICONI, Ítalo (Org.). *Os cem melhores contos brasileiros do século*. Rio de Janeiro: Objetiva, 2001. p. 138).

o) Os *operadores de exclusão* indicam uma relação de exclusão entre duas orações. Entre eles, destacam-se: só, somente, apenas, senão etc.

(15) Quando a última carroça alcança a estrada, os braços param de acenar e a praça vai aos poucos se esvaziando e caindo em silêncio. **Somente** ficam as flores espalhadas pelo chão, de mistura com as folhas secas do outono, e o vento frio que desce dos Alpes (POZENATO, José Clemente. *A Cocanha*. Porto Alegre: Mercado Aberto, 2000. p. 13).

Atividades

1) No texto que segue, pode-se verificar que os diferentes operadores relacionam as ideias, dando sentido aos enunciados. Numere os parênteses de acordo com o código, indicando a relação estabelecida:

(1) oposição, concessão
(2) adição
(3) alternância
(4) explicação, causa, consequência
(5) temporalidade
(6) finalidade
(7) comparação
(8) conformidade
(9) conclusão
(10) condição

O homem e o pedaço de pano

01 Em algum lugar do Oriente, onde o clima é ameno e não são necessárias
02 muitas roupas, havia um homem que resolveu desistir de todas as questões
03 materiais e retirou-se para a floresta, onde construiu uma choça para morar.
04 Sua única roupa era um pedaço de pano, que enrolava à cintura. Mas
05 ( ), para seu azar, a floresta era infestada de ratos, e ( ) ele logo arranjou
06 um gato. O gato exigia leite para viver e ( ), assim ( ), ele trouxe uma vaca.
07 Como ( ) a vaca requeria cuidados, ele teve que empregar um vaqueiro. Esse
08 rapaz precisava ter onde morar, e ( ) por isso ( ) foi construída uma casa
09 para ele. Para ( ) tomar conta da casa, acabou contratando uma empregada.
10 Para que ( ) a empregada tivesse companhia, outras casas foram construídas
11 e ( ) convidadas pessoas para ( ) morar nelas. Desse modo ( ), brotou ali
12 uma pequena aldeia.

13   O homem disse:
14   – Quanto mais tentamos fugir do mundo e suas exigências, mais elas
15   se multiplicam! (RAJU, P.V. Ramaswani. O homem e o pedaço de pano. In: BENNETT, William J. *O livro das virtudes II:* o compasso moral. Rio de Janeiro: Nova Fronteira, 1996. p. 179).

2) Responda as perguntas com base no texto "O homem e o pedaço de pano".
   a) Qual é o referente do vocábulo "onde" (linha 01)?

   b) O vocábulo "onde" (linha 03) tem o mesmo referente do anterior? Justifique.

   c) O vocábulo "para" (linha 05) tem a mesma função gramatical que o vocábulo "para" (linha 09)? Indique as respectivas funções, caso forem diferentes.

   d) Por que o autor emprega o artigo indefinido "uma" (uma empregada) e depois o artigo definido "a" (a empregada) (linha 10)? Explique.

   e) Por que o autor emprega "esse rapaz" (linhas 07-08) e não "este rapaz"?

   f) O texto narra um fato, descreve ou comenta a respeito de algo? Justifique.

3) Tendo como base o texto anterior, substitua seus operadores por outros de mesmo sentido, escrevendo-os abaixo:
   a) mas (linha 04):

   b) como (linha 07):

   c) por isso (linha 08):

   d) para que (linha 10):

   e) e (linha 11):

   f) para (linha 11):

   g) desse modo (linha 11):

4) Identifique os referentes dos vocábulos do texto anterior:
   a) que (linha 02):

   b) sua (linha 04):

   c) que (linha 04):

d) ele (linha 07):
e) nelas (linha 11):
f) elas (linha 14):

5) Redija três novas versões da oração, utilizando os operadores argumentativos de oposição, variando as posições dentro da sentença.

Os alunos chegaram cedo à escola, mas ela ainda estava fechada.

6) Articule os enunciados abaixo em um só período. Faça isso três vezes, iniciando-o alternadamente com cada uma das frases, empregando os diferentes operadores e observando os mecanismos de coesão.

(1) Bento Gonçalves é a Capital Brasileira do Vinho.

Nem todos os vinhos de Bento Gonçalves têm marca registrada.
Alguns consumidores de Bento Gonçalves produzem o seu próprio vinho.

(2) As portas dos *shoppings* são inteligentes.

As portas dos *shoppings* não têm chaves.
As portas dos *shoppings* funcionam por sensores.

5
Tipologias textuais

A tipologia textual, de acordo com Marcuschi, designa uma espécie de sequência definida pela natureza linguística predominante de sua composição (aspectos lexicais, sintáticos, tempos verbais, relações lógicas). Quando se classifica um certo texto como narrativo, descritivo ou dissertativo, determina-se uma tipologia predominante (2002, p. 22). Os tipos textuais abrangem a *narração*, a *dissertação*, a *explicação*, a *descrição*, a *predição*, entre outros, e estão presentes nos diferentes gêneros textuais de circulação social.

Os gêneros textuais, conforme Marcuschi, são os textos encontrados em nossa vida diária e que apresentam padrões sociocomunicativos caracterizados pela composição funcional, objetivo enunciativo e estilo realizados na integração de forças históricas, sociais e institucionais. Os gêneros contribuem para ordenar e estabilizar as atividades comunicativas do dia a dia (2002, p. 19-23). Eles podem se expressar em diversas designações, podendo-se mesmo dizer que são ilimitados. Alguns exemplos de gêneros textuais são: telefonema, sermão, carta comercial, carta pessoal, romance, conto, bilhete, reportagem jornalística, reunião de condomínio, lista de compras, editorial, resenha, resumo, esquema, e-mail, piada, horóscopo, receita culinária, bula de remédio, edital de concurso, cardápio de restaurante, notícia jornalística, aula expositiva.

É importante salientar que as tipologias textuais, presentes nos gêneros, os tornam, em geral, tipologicamente heterogêneos. A carta pessoal, por exemplo, pode conter uma sequência narrativa, uma argumentativa ou uma descritiva. Vejamos a seguir as características principais de cada tipo textual.

Texto I

O ganso azarado

Um grupo de pesquisadores ingleses instalou transmissores eletrônicos em seis gansos de uma espécie irlandesa para acompanhar a jornada de mais de 7000 quilômetros até o Canadá Ártico, cumprida todos os anos para acasalamento. Após dois meses e meio verificando seu progresso diário, os pesquisadores perceberam que um deles, apelidado de "Kerry", parou subitamente de se locomover na remota ilha canadense de Bathurst, já na etapa final da viagem de ida. Intrigados, perseguiram o sinal até descobrir Kerry no *freezer* de uma casa. O ganso havia superado tempo ruim, montanhas de gelo e predadores naturais, mas não escapou da mira certeira de um esquimó, que o abateu em pleno voo e planejava jantá-lo naquele mesmo dia (O GANSO azarado. *Veja*, São Paulo, ano 35, ed. 1767, p. 92, 4 set. 2002).

Esse é um texto narrativo. Caracteriza-se pelo relato de um fato (*Kerry, um ganso que fazia parte de uma pesquisa, foi morto*), num tempo definido (*2002*) e num espaço concreto (*Canadá*). Nele, predominam termos concretos que se referem ao mundo real (*pesquisadores, gansos, transmissores, freezer* etc.). Há mudança de um estado para outro e, por isso, entre os enunciados, existe uma relação de anterioridade e posterioridade (*O ganso fazia parte de uma pesquisa e foi encontrado morto*). O tempo verbal predominante é o pretérito perfeito do indicativo (*instalou, perceberam, parou, perseguiram, abateu* etc.). A narração também pode ser construída utilizando o pretérito imperfeito, o mais-que-perfeito e o futuro do pretérito do indicativo.

Texto 2

Muito luxo e pouco samba no pé!

Sempre que se fala do Brasil, há uma imediata associação com belas mulatas, samba, ginga e CARNAVAL: festa popular que já é consagrada como o cartão postal e de visitas do país – uma das maiores tradições por aqui. Mais que tradição, virou profissão de fé e amor ao espetáculo, ao desfile.

Só que, com o surgimento da especulação turística, o carnaval deixou de ser uma festa popular de manifestação espontânea, para se tornar um *show* de luxo, luxúria e exuberância visual. O velho e bom "samba no pé" vai desaparecendo a cada ano. O brilho é o ponto principal. Os gastos são imensos!

O Rio de Janeiro (exemplo maior) tornou-se o recanto real do luxo carnavalesco. A avenida Marquês de Sapucaí – passarela do samba carioca – estremece ao som de enredos quentes, embalados por tapetes, cortinas, telhados de plumas, paetês, lantejoulas, pedrarias e tudo o mais que possa tornar o carnaval um espetáculo extasiante para os "gringos" cobertos de dólar.

Por isso, o carnaval deixou, pouco a pouco, de regalar a alegria popular para satisfazer interesses econômicos escusos (SAYEG-SIQUEIRA, João Hilton. *Organização do texto dissertativo*. São Paulo: Selinunte, 1995. p. 69).

Esse texto é uma dissertação, pois apresenta uma questão que é desenvolvida através de uma argumentação coerente e consistente, construindo-se uma opinião (*transformação do Carnaval de uma festa popular para um show de luxo, a fim de favorecer interesses econômicos*). O tempo verbal predominante é o presente do indicativo (*fala, é, vai, são, estremece*).

Para Delforce (1992), a dissertação é a construção de uma opinião no exame fechado de uma questão. Dissertar, segundo o autor, é demonstrar o que se pensa com uma opinião progressivamente construída, examinando-se, antes, todas as opiniões-resposta que a pergunta possibilita, avaliando-se sua pertinência e validade. Na dissertação, não se apresenta imediatamente uma resposta à questão formulada, como em uma entrevista.

Texto 3

Era um pobre diabo caminhando para os setenta anos, antipático, cabelo branco, curto e duro, como uma escova, barba e bigode do mesmo teor; muito macilento, com uns óculos redondos que lhe aumentavam o tamanho da pupila e davam-lhe à cara uma expressão de abutre, perfeitamente de acordo com o seu nariz adunco e com sua boca sem lábios; viam-se-lhe ainda todos os dentes, mas tão gastos que pareciam limados até o meio. Andava sempre de preto, com um guarda-chuva debaixo do braço e um chapéu de Braga enterrado nas orelhas (AZEVEDO, Aluísio. *O cortiço*. Rio de Janeiro: Tecnoprint, [s.d.]. p. 22).

Esse é um texto descritivo. Caracteriza-se pela descrição de um personagem (*um homem velho*), a partir de um processo linear de observação. Nele não há relações de anterioridade e posterioridade, inexistindo uma progressão temporal entre os enunciados. Observam-se o acúmulo de adjetivos ou locuções adjetivas (*pobre* diabo, *antipático*, *macilento*, expressão *de abutre*, nariz *adunco*) e a predominância do pretérito imperfeito (*era, aumentavam, davam-lhe, viam, pareciam* e *andava*).

Na descrição, relatam-se as propriedades e os aspectos de um objeto particular concreto (uma paisagem, uma casa, um personagem, um rosto...), um processo, um mecanismo etc., situados em um certo momento estático de tempo.

Texto 4

Implantes dentários

Sabemos que os implantes dentários são usados para substituir eventual perda de dentes naturais. Esses implantes funcionam como os dentes naturais?

Nenhum material até hoje fabricado funcionará como os dentes naturais. No entanto, na maioria dos casos, os implantes, quando indicados, funcionam melhor do que as próteses removíveis convencionais e propiciam ao paciente comer, falar e sorrir sem preocupar-se com possíveis movimentos indesejáveis das dentaduras e das pontes móveis (RUBIN, Luis Cohen. Implantes dentários. *Zero Hora*, Porto Alegre, 10 ago. 2002. Viva Melhor, Geral, p. 28). – Adaptação das autoras.

Esse texto é explicativo. Ele responde a um problema da ordem do saber, a partir da investigação de uma evidência, ou seja, de um fenômeno normal que se torna objeto de investigação (*Os implantes dentários substituem os dentes naturais?*). Observa-se o emprego de operadores argumentativos (*no entanto, e*). O tempo verbal predominante é o presente do indicativo (*sabemos, são, funcionam, propiciam*).

O texto explicativo também pode partir de um paradoxo que se refere a algo aparentemente incompatível com o sistema estabelecido de explicação do mundo. Exemplo: Por que o sol parece ser do mesmo tamanho da lua? (na verdade, o sol é 400 vezes maior que a lua).

Texto 5

Sol predominará no Estado

O sol predominará no Estado, por conta de uma massa de ar polar que vai aos poucos perdendo força na costa da Região Sul. A temperatura sobe ao longo do dia, associada com os ventos que sopram do quadrante norte. A segunda-feira ainda permanece ensolarada e com temperaturas em elevação. O tempo muda no decorrer da terça-feira, quando uma frente fria chega causando pancadas de chuva na parte central e no norte do Rio Grande do Sul. Entre quarta e quinta-feira, uma nova massa de ar polar chega ao Brasil (SOL predominará no Estado. *Zero Hora*, Porto Alegre, p. 34, 11 ago. 2002).

Esse é um texto preditivo (*previsão do tempo*). Pode ser utilizado para predizer acontecimentos, eventos, situações e comportamentos com base na causalidade ou simplesmente na casualidade. É usado em asserções sobre o futuro, horóscopos, profecias, boletins meteorológicos, previsões em geral, prenúncios de eventos, comportamentos e situações. Os tempos verbais possuem perspectiva indicativa de futuro (*predominará, vai...perdendo*), e há a presença de adjetivos (*polar, ensolarada, fria, nova*) e ausência de conectores.

Atividades

1) Nos textos que seguem (I, II, III), identifique as tipologias textuais e responda as perguntas.

Texto I

O camponês e a cobra

Certo dia, na casa de um camponês, uma serpente venenosa insinuou-se e disse-lhe bem maneirosa:

– Vizinho, salve! Hoje eu te trouxe uma boa notícia. Vamos ser amigos! Não será mais preciso temeres a mim, porque regenerei-me, estou mudada. Vê, minha pele até já está trocada, sou outra, diferente de antes!

Porém, o camponês, muito sábio, não se enganou com a lábia do animal, e disse, com um pau na mão:

– Tua pele é nova, mas teu coração ainda é o mesmo.

E, com uma porretada, liquidou a cobra venenosa (KRYLOV. *Fábulas russas*. São Paulo: Melhoramentos, 1990. p. 15). – Adaptação das autoras.

a) O texto narra, descreve ou comenta a respeito de um assunto?
b) O texto refere-se a objetos do mundo real?
c) Há um fato concreto no texto?
d) Há um espaço? Qual?
e) O texto está situado em um tempo? Qual?
f) Há mudanças de anterioridade e posterioridade? Como isso é explicitado?
g) Qual é o tempo verbal predominante? Exemplifique.
h) A partir desses aspectos, a que tipologia textual pertence o texto analisado?

Texto II

Rosa respirou fundo o cheiro das paredes, de tábuas ainda verdes. Era a casa, a sua casa. Tinha três por quatro metros, uma janela na frente e outra nos fundos, mas parecia enorme. O piso era de terra batida e a mesa, de tábua áspera, mais parecia mesa de carpinteiro. Não importava, era dela a casa. Da janela via os troncos chamuscados e, ao fundo, a mata fechada. Ali, pensou, nesse pedaço de terra limpa, podia plantar temperos e algumas flores. Aurélio desatava o galo e as três galinhas e os prendia na gaiola de taquara. Teriam um galo para cantar de manhã cedo e galinha para o caldo, quando nascesse a criança. Se algum bicho não os comesse antes (POZENATO, José Clemente. *A Cocanha*. Porto Alegre: Mercado Aberto, 2000. p. 152).

a) O texto foi construído com termos concretos ou abstratos?
b) Qual é o tempo verbal predominante? Exemplifique.
c) Há uma progressão temporal no texto?
d) O que mostra o texto?
e) A partir dos aspectos analisados, a que tipologia textual pertence o texto?

Texto III

Educação

Ninguém discute que a educação é o alicerce da sociedade. O grande problema do Brasil é valorizar demais a quantidade e esquecer a qualidade. Para que se apresentem estatísticas com baixos índices de repetência, criam-se programas como a progressão continuada, que faz com que os alunos não repitam o ano mesmo sem ter aprendido. Sendo os fundamentos educacionais baseados em números, e não em qualidade, será improvável uma sociedade bem estruturada, justa e democrática (SOUZA, L.M. de. Educação. *Veja*, São Paulo, ano 25, n. 35, ed. 1818, 03 set. 2003. Cartas, p. 24).

a) O texto narra um fato, descreve algo ou constrói uma opinião?
b) A respeito de que fala o texto?
c) Há relações de anterioridade e posterioridade no texto?
d) O texto situa-se em um tempo definido?
e) Qual é o tempo verbal predominante? Exemplifique.
f) Quanto à tipologia textual, como se classifica o texto?

2) Numere os textos, conforme o que segue: (1) narrativo; (2) descritivo; (3) dissertativo; (4) explicativo; (5) preditivo:

a) ( ) Por que o ferro precisa estar quente para passar a roupa?

O calor do ferro põe a estrutura do tecido em ordem. Quando uma peça de roupa é lavada, as fibras que formam o pano ficam amassadas e desalinhadas. O que o calor faz é organizá-las paralelamente, homogeneizando tudo. A temperatura ideal para fazer esse trabalho varia de uma fibra para outra. No caso de uma roupa toda de algodão, ela fica em torno de 100 graus Celsius. Já para o poliéster e a microfibra, é melhor aquecer o ferro entre 30 e 40 graus Celsius. Se a temperatura não for adequada, a paralelização não acontece (POR QUE o ferro precisa estar quente para passar a roupa? *Superinteressante*, São Paulo, ed. 125, p. 25, fev. 1998).

b) ( ) Leão – (22/07 a 22/08)

Vênus aumentará as chances de você se envolver com alguém muito especial (HORÓSCOPO. *Semanário,* Bento Gonçalves, 01 mar. 2003. Caderno S, p. 19).

c) ( ) Em busca do sucesso

O padre Marcelo Rossi lança nesta semana seu novo CD tendo um desafio pela frente – impulsionar as vendas de seus produtos, que andam fracas. Ano após ano, seus novos discos têm tido vendas menores que as dos anteriores. O último CD alcançou 350.000 fiéis compradores no ano passado – muito para os comuns mortais, mas pouco para quem em 1998 chegou à antessala do céu com 3,2 milhões de discos vendidos (JARDIM, Lauro. Em busca do sucesso. *Veja,* São Paulo, ano 35, n. 36, ed. 1818, 03 set. 2003. Radar, p. 27).

d) ( ) Área ligada à memória fabrica células funcionais

Cientistas americanos do Instituto Salk mostraram que o hipocampo, porção do cérebro ligada à memória, é capaz de produzir células novas e funcionais mesmo em animais adultos. O estudo, que saiu na "Nature" (www.nature.com), abre novo caminho para curar doenças neurológicas (ÁREA ligada à memória fabrica células funcionais. *Folha de S. Paulo,* São Paulo, ano 82, n. 26630, 01 mar. 2002. Folha Ciência, p. A12).

e) ( ) A casa de Aurora era de uma só peça. No meio dela, no chão, um pau de lenha queimava, enchendo tudo de fumaça e cheiro de fuligem. Ao redor, junto às paredes, estavam os estrados cobertos de trapos sujos, onde devia dormir toda a família. Aurora, deitada na meia escuridão, tossia. Rosa chegou a sentir uma revolta no estômago (POZENATO, José Clemente. *A Cocanha*. Porto Alegre: Mercado Aberto, 2000. p. 245).

f) ( ) Enchentes por monções na Índia matam ao menos 43

As monções (ventos periódicos do sul da Ásia) provocaram enchentes e mataram 43 pessoas em áreas montanhosas no norte da Índia. Militares foram convocados para ajudar as equipes de resgate (ENCHENTES por monções na Índia matam ao menos 43. *Folha de S. Paulo*, São Paulo, ano 82, n. 26794, 12 ago. 2002. Folha Mundo, p. A11).

g) ( ) O Brasil não ficou totalmente estagnado na corrida da educação. Sua taxa de analfabetismo caiu, praticamente, todas as crianças estão matriculadas no ensino fundamental e o número de estudantes no ensino superior subiu. E por que há uma diferença tão grande na escolaridade entre o Brasil e a Coreia? A diferença está no investimento que cada nação faz. Quanto maior o capital investido, melhor a qualidade do ensino (MIGLIORANZA, K.K. O BRASIL não ficou totalmente estagnado na corrida da educação. *Veja*, São Paulo, ano 36, n. 35, ed. 1818, 03 set. 2003. Cartas, p. 24).

h) ( ) Empossada na Academia Brasileira de Letras a escritora Ana Maria Machado. Ela foi eleita em abril para a cadeira de número 1, que foi ocupada pelo jurista Evandro Lins e Silva, morto no ano passado. Dia 29, no Rio de Janeiro (EMPOSSADA... *Veja*, São Paulo, ano 36, n. 35, ed. 1818, 03 set. 2003. Datas, p. 95).

i) ( ) Por que salivamos diante de uma comida apetitosa?

Isso acontece porque o organismo já está se preparando antecipadamente para a digestão. A visão do prato e seu cheiro estimulam o cérebro, que, por sua vez, aciona as glândulas produtoras de saliva, secreção que tem a função de ajudar o aparelho digestivo a decompor a comida ingerida. [...] O curioso é que a quantidade de salivação varia de acordo com o estado motivacional da pessoa. "Um indivíduo faminto tende a salivar muito mais diante de um prato de comida do que alguém com menos fome", afirma a fisiologista Sara Shammah Lagnado, da Universidade de São Paulo (USP) (BIGHETTI, Carlos. Por que salivamos diante de uma comida apetitosa? *Superinteressante*, São Paulo, ed. 177, p. 31, jun. 2002).

3) Elabore uma questão que tenha como resposta o texto explicativo abaixo:

O psiquiatra é o único que pode receitar remédios, por isso é obrigatório que seja formado em medicina. Para o psicólogo, basta a graduação em psicologia, mas é ele o de atuação mais abrangente: atende não só em consultórios, mas também em empresas, fazendo orientação de recursos humanos, testes vocacionais ou dinâmicas de grupo; e podendo seguir dezenas de linhas ou métodos diferentes. "Estamos falando de duas profissões – psiquiatria e psicologia – e de uma técnica da psicologia, a psicanálise", afirma o psiquiatra paulista Wilson Gonzaga. O psicanalista é, assim, o mais específico – tanto que sua formação dispensa a faculdade, substituída pelo curso de especialização da Sociedade Brasileira de Psicanálise. Essa técnica de investigação, em sessões individuais de 50 minutos, foi criada pelo austríaco Sigmund Freud, a partir da descoberta do inconsciente, manifesto, por exemplo, nos sonhos (*Superinteressante*, São Paulo, ed. 163, p. 44, abr. 2001).

4) **Proposta de produção textual:** produza um texto explicativo, respondendo a seguinte questão: qual é a diferença entre os textos presentes na atividade 1 (textos I, II e III)? Justifique com dados dos próprios textos.

6
Parágrafo

Os textos, em sua maioria, apresentam-se divididos em parágrafos. Segundo Andrade e Henriques, o parágrafo é a unidade de composição do texto que apresenta uma ideia básica à qual se agregam ideias secundárias, relacionadas pelo sentido. Em geral, a cada parágrafo, desenvolve-se uma ideia importante. A sua extensão é variável, podendo conter apenas uma frase ou alongar-se por uma página inteira. O ideal é a intercalação de parágrafos curtos e de média extensão (1992, p. 98).

Segundo os referidos autores, o parágrafo apresenta as seguintes qualidades:

a) unidade: apenas uma ideia central emerge do parágrafo, em torno da qual girarão as ideias secundárias;

b) coerência: ordenam-se as ideias de uma maneira lógica;

c) concisão: os desdobramentos da ideia central são apresentados sem redundâncias;

d) clareza: a escolha das palavras é adequada ao contexto, tornando a leitura inteligível ao leitor.

Na redação do parágrafo é preciso observar alguns procedimentos essenciais: a delimitação do assunto, que facilitará a sua organização, e a fixação do objetivo do que será escrito, que orientará a redação.

Por exemplo, em um parágrafo sobre o amor, podem surgir muitas ideias, tornando-se difícil selecionar quais as que serão escritas, uma vez que se trata de um assunto muito amplo. Existe o amor de mãe, o amor conjugal, o amor entre amigos, entre outros. Por isso, é importante delimitar o assunto. O objetivo orientará a redação do parágrafo, por isso é preciso ter em mente *para que* escrever sobre determinado assunto.

6.1 Estrutura do parágrafo

Observemos o parágrafo:

Pode-se transformar o sistema imunológico, ao mudar a forma de pensar. / Para isso, é preciso	Tópico Frasal
desenvolver uma autoimagem positiva, amando a si mesmo e dispondo-se a abandonar o passado e a perdoar. O corpo sempre reflete o estado da consciência em determinado momento. À medida que as crenças são mudadas, o ser humano transforma-se tanto física como emocionalmente. Ao mudar, muitas vezes, não precisa mais da antiga doença. //	Desenvolvimento
Tudo isso contribui para que as pessoas se tornem completas e se curem de seus males.	Conclusão

Esse parágrafo está estruturado em três partes:

6.1.1 Introdução: corresponde ao tópico frasal, apresentando a ideia-núcleo do parágrafo, que consiste na transformação do sistema imunológico através da mudança no modo de pensar.

6.1.2 Desenvolvimento: desdobra o tópico frasal, expondo as ideias. No parágrafo em análise, o desenvolvimento apresenta o que se deve transformar para haver a modificação do sistema imunológico.

6.1.3 Conclusão: encerra a ideia central do parágrafo. A frase final aponta que tudo o que foi exposto anteriormente contribui para que o ser humano se torne completo e se cure dos males.

Na redação de um parágrafo, pode-se empregar operadores argumentativos, tais como *assim, logo, dessa forma, então*, para fazer a transição entre o desenvolvimento e a conclusão. Também pode-se encerrar um parágrafo apresentando consequências e implicações do que foi explicitado no tópico frasal e no desenvolvimento.

No lugar do tópico frasal é possível ter apenas uma frase de transição entre um determinado parágrafo e aquele que o antecede no texto.

Exemplo:

[...]

Essa orientação possibilitará ao estudante um maior conhecimento de si mesmo. Gradativamente, ele descobrirá suas aptidões, a influência de sua família e de seus amigos e manifestará a necessidade de conhecer diferentes profissões. Isso permitirá a elaboração de seu projeto para o futuro.

6.2 Desenvolvimento do parágrafo

Há muitas maneiras de desenvolver uma ideia no parágrafo. Vejamos alguns exemplos.

6.2.1 Desenvolvimento por definição

A biosfera é a parte do planeta que contém vida e que representa o conjunto de todos os ecossistemas da Terra. É uma camada de pequena espessura, em relação ao tamanho do globo terrestre. É constituída pelos mares, rios, lagos, pelo solo até poucos metros de profundidade e pela atmosfera a uma altitude de poucos quilômetros. A vida da Terra necessita de algumas condições básicas, como luz, água e temperatura acima do ponto de congelação. Como a distribuição desses fatores no planeta não é homogênea, as diferentes regiões da Terra apresentam aspectos biológicos diferentes (SILVA JÚ-

NIOR, César da; SASSON, Sezar. *Biologia*. 2. ed. São Paulo: Saraiva, 1996. v. 3, p. 325). – Adaptação das autoras.

6.2.2 Desenvolvimento por fundamentação da proposição

Quando se resolve mudar, o que realmente deve se transformar são os pensamentos e crenças. À medida que os mesmos se modificam, a vida passa a ser diferente. As áreas da vida que funcionam melhor são aquelas em que o sistema de crenças é positivo. Não é necessário mudar o que vai bem, mas aquelas áreas que se apresentam problemáticas. Portanto, a mudança só tem significado quando é realizada em relação aos aspectos que não funcionam ou que poderiam funcionar melhor.

6.2.3 Desenvolvimento por exemplo específico

A memória do amor faz viver e morrer, desperta mesmo uma paixão inexistente. Stendhal conta o caso de um estrangeiro que vai se estabelecer numa cidade nova e, encontrando as pessoas afetadas pela morte recente de uma senhora dali, com elas se identifica. As lamentações despertam a sua simpatia e curiosidade a ponto de declarar que nunca havia se interessado tanto por nada, depois já não conseguiu se ocupar de outro assunto, sucumbiu na mais negra melancolia, atravessou montanhas e planícies atrás das pegadas da senhora, passou dias inteiros chorando e, ao cabo de alguns meses, morreu de prostração (MILAN, Betty. *O que é amor*. 7. ed. São Paulo: Brasiliense, 1991. p. 29). – Adaptação das autoras.

6.2.4 Desenvolvimento por comparação

A pele da pessoa que se expõe muito ao sol, sem proteção adequada, sofre danos maiores do que aquela que recebe proteção. Imagine uma folhagem exposta constantemente aos raios solares. A ação desses raios fará com que seus pigmentos verdes sofram um processo precoce de desidratação e amarelamento. O mesmo acontece com a pele humana. O excesso de sol fará com que se torne ressecada e sem elasticidade, envelhecendo precocemente.

6.2.5 Ordenação por enumeração

Para aprender a respirar fundo, é melhor deitar-se na cama ou no sofá, mantendo todos os músculos apoiados. Coloque os braços estendidos a seu lado, palmas para cima, pernas esticadas e relaxadas. Primeiro, esvazie os pulmões, expirando todo o ar possível. Depois, comece a inspirar pelo nariz, expandindo os músculos do diafragma. Finalmente, expire pelo nariz ou pela boca, contraindo os músculos (ROSSI, Ana Maria. *Homem não chora*: aprendendo a dominar o estresse do sexo masculino. Porto Alegre: Artes & Ofícios, 1993. p. 99).

Observação: Esse tipo de parágrafo geralmente se organiza através de certos articuladores, como: primeiro, segundo, em primeiro lugar, em segundo lugar, inicialmente, após, a seguir, depois, em seguida, mais adiante, por fim, ainda, além, também etc.

6.2.6 Ordenação por causa

A cada dia, a violência no trânsito cresce de maneira assustadora. A razão principal desse fato é a irresponsabilidade dos motoristas que, ao dirigir com velocidade excessiva, ultrapassam os limites das leis de trânsito. Muitas vezes, isso tudo está aliado ao consumo de bebida alcoólica. Portanto, faz-se necessária uma cobrança mais rígida do Código nas estradas brasileiras.

Observação: São expressões indicadoras de causa: porque, já que, uma vez que, a causa disso, devido a, em virtude de, graças a etc.

6.2.7 Ordenação por causa-consequência

Municípios pequenos estão recebendo pessoas pobres que deixam as capitais. A escala em que isso vem ocorrendo no momento é muito maior do que há décadas passadas. Tal migração tem por causa a busca por empregos em pequenas e médias empresas. Na realidade, não existe demanda ocupacional para tamanha procura. Em decorrência disso, índices apontam o crescimento da marginalização e da violência também em cidades de pequeno porte.

6.2.8 Desenvolvimento por detalhes

A doença não é uma derrota. É uma experiência de vida, que nos leva a refletir sobre o valor da existência. Por isso, é importante cuidar melhor de si mesmo, dedicar-se às coisas simples, aprender a conviver com as limitações, perdoar aos outros e amar-se incondicionalmente. Tudo isso permite passar pela doença com mais conforto e acelerar o processo de cura.

Atividades

1) Redija parágrafos:
   a) definindo um bom aluno;
   b) comparando a escola a uma família;
   c) por fundamentação da proposição: a ética é a base de todas as relações humanas;
   d) por exemplo específico: o trabalhador;
   e) por detalhes: a vida do estudante universitário;
   f) por causa: a violência contra a mulher.
2) Assinale com um traço, no próprio texto, as partes que estruturam o parágrafo, e diga como foi ordenado:
   Para avaliar seu nível de relaxamento, você pode monitorar algumas reações *fisiológicas* sem o uso de equipamentos especializados de *biofeedback*. Por exemplo, para verificar a temperatura periférica, as mãos especificamente,

você pode colocá-las em contato com o rosto. Se elas estiverem mais frias, este pode ser um sinal de estresse ou ansiedade. O ideal é que os dois mantenham temperatura similar. No entanto, para que isto ocorra, a temperatura ambiental deve estar em torno de 20 graus. Para aferir o nível de atividade eletrodérmica, você pode verificar as palmas das mãos para detectar vestígios de sudorese. E, finalmente, para avaliar a atividade cardiovascular através da frequência cardíaca, pode-se medir o pulso durante 20 segundos e multiplicar o número obtido por três, tendo assim o equivalente a 60 segundos. Esses procedimentos possibilitarão que a pessoa se conscientize de algumas funções internas que poderão facilitar o controle das reações fisiológicas e emocionais (ROSSI, Ana Maria. *Homem não chora:* aprendendo a dominar o estresse do sexo masculino. Porto Alegre: Artes & Ofícios, 1993. p. 69).

3) Os parágrafos do texto que segue foram transcritos fora da ordem. Reordene-os, usando os números que os antecedem.

A pele e o sol

1) A longo prazo, esse hábito é extremamente danoso à pele que vai se tornando ressecada, manchada e com perda de elasticidade. Em consequência, ela sofre um envelhecimento precoce, com aumento de rugas, especialmente em pessoas de cútis mais clara, com pouco pigmento protetor, a melanina.

2) Por outro lado, devemos considerar os danos, a curto e a longo prazo, causados pelo abuso dos "banhos de sol" justamente no verão, quando a natação, os passeios e os esportes ao ar livre podem comprometer a saúde das crianças e de adultos mais sensíveis. Nessa época, o organismo transpira mais, para equilibrar a temperatura interna, e o excesso de transpiração pode provocar a desidratação. Além disso, a exposição da cabeça, não protegida, pode levar a um sério quadro de insolação, coma e até à morte. E, portanto, é uma grave agressão ao corpo deitar-se horas sob o sol forte sem proteger ao menos a cabeça.

3) Vivemos num país tropical, que, portanto, recebe altas taxas de radiação solar durante todo o ano. Com isso, a população brasileira, no trabalho do campo ou no lazer em clubes e praias, está sujeita a longos períodos de exposição ao sol.

4) De um lado, sabemos que exposições moderadas ao sol, nas primeiras horas da manhã e nas últimas da tarde, são uma prática saudável, pois ativam a circulação sanguínea periférica e possibilitam a síntese de vitamina *D* na pele. Isso é importante especialmente em crianças e jovens, pois a vitamina

D (antirraquítica) é indispensável para uma boa ossificação e, portanto, para um crescimento normal (SILVA JÚNIOR, César da; SASSON, Sezar. *Biologia*. 2. ed. São Paulo: Saraiva, 1996. v. 1, p. 277).

(   ) – (   ) – (   ) – (   )

7
Funções retóricas

As funções retóricas constituem processos que disciplinam o raciocínio, organizam e ordenam as ideias, com o propósito de sistematizar o conhecimento. São métodos, ditos sistemáticos, chamados de *modus sciendi*, isto é, modos de saber (GARCIA, 1995, p. 317). Destacam-se as seguintes funções retóricas: a análise, a síntese, a classificação, a descrição e a definição, segundo Garcia (1995).

7.1 Análise

Analisar consiste em decompor o texto em suas partes constitutivas. Inicia-se do mais complexo para o menos complexo, ou seja, do geral para o específico.

Exemplo:

Os seres vivos

Os seres vivos agrupam-se em cinco reinos: monera, protista, fungi, plantae e animalia. Analisaremos cada um dos reinos. O reino monera é formado por organismos procariontes, unicelulares, coloniais ou não, autótrofos ou heterótrofos. Estes obtêm seus alimentos por absorção. As bactérias e as algas azuis fazem parte desse reino. O reino protista é constituído por organismos eucariontes, unicelulares, coloniais ou não. Neste grupo, existem diversos métodos nutricionais, incluindo fotossíntese, absorção e ingestão. Compreende as algas unicelulares, que são fotossintetizantes, e os protozoários, organismos heterótrofos que podem obter seus alimentos por absorção ou por ingestão de material orgânico do meio. O reino fungi é composto por organismos eucariontes, heterótrofos, geralmente multinucleados, e se nutrem por absorção;

compreende os fungos. O reino plantae provém dos organismos eucariontes, multicelulares e fotossintetizantes. A ele pertencem as plantas, desde as algas multicelulares até as que produzem frutos. O reino animalia é formado por organismos eucariontes, multicelulares e heterótrofos. Nutrem-se primariamente por ingestão. Algumas poucas formas alimentam-se por absorção; dele fazem parte os animais, desde as esponjas até o homem (LOPES, Sônia. *Bio Volume Único*. São Paulo: Saraiva, 1994. p. 192). – Adaptação das autoras.

7.2 Síntese

Sintetizar é reconstituir o todo, decomposto pela análise. A síntese implica a apreensão das ideias essenciais do texto. Análise e síntese são procedimentos complementares. A análise torna claro o conhecimento e a síntese o completa. Sintetizar significa resumir o texto original, eliminando o que é secundário.

Exemplo:

[...] Em síntese, propomos: evidenciar que não há apenas uma maneira de ler um texto, mas que se podem realizar múltiplas leituras de um mesmo texto; valorizar o papel que exercem os conhecimentos e atividades do mesmo leitor no ato da leitura: "o que o leitor é e o que sabe"; valorizar o leitor ativo, aquele que usa diversas estratégias para buscar construir o sentido do texto: "o que o leitor faz quando lê"; sermos conscientes de que o significado do texto é construído enquanto lemos, mas também é reconstruído, já que devemos acomodar continuamente novas informações e adaptar o sentido dado originalmente (CELIS, Glória Inostroza de. *Aprender a formar crianças leitoras e escritoras*. Porto Alegre: Artmed, 1998. p. 62). – Adaptação das autoras.

7.3 Classificação

Como vimos anteriormente, a análise decompõe o todo em suas partes, e a classificação estabelece as relações entre as partes. Classificar consiste em distribuir os seres, as coisas, os fatos ou fenômenos de acordo com suas semelhanças e diferenças.

Exemplo:
As frutas dividem-se em doces (banana, mamão), ácidas (limão) e semiácidas (laranja, abacaxi). As frutas doces combinam com semiácidas, e estas vão bem tanto com as doces quanto com as ácidas. Ácidas e doces não combinam entre si (ASSIS, Gercílio Cavalcante de. Inimigo único. *Superinteressante*, São Paulo, ed. 159, p. 76, dez. 2000). – Adaptação das autoras.

Em alguns casos, a classificação poderá ser um processo mais ou menos arbitrário, convencional, conforme os objetivos que se tenham em vista. Se tomarmos uma lista de nomes como disquete, abóbora, caderno, computador, caminhão, lápis, carne, moto, impressora, trem, cenoura, professor, podemos colocar esses nomes em ordem pela classificação da seguinte forma:

Informática: disquete, computador, impressora

Alimentos: abóbora, carne, cenoura

Veículos: caminhão, moto, trem

Escola: caderno, lápis, professor

7.4 Descrição

Descrever é apresentar um objeto, um processo, um fenômeno, fatos, lugares etc., em suas características. A descrição pode ser técnica ou literária.

A descrição técnica é objetiva e denotativa. Nela enfatizam-se a precisão e a formalidade da linguagem. Inclui-se, nesse tipo, a descrição de funcionamento de um aparelho ou máquina, a qual deve expor o processo de modo cronológico, enfatizando a ação e indicando as fases do processo.

A descrição literária privilegia uma linguagem conotativa, sem preocupação com a exatidão. Nela está presente a subjetividade do escritor.

Exemplo de descrição técnica:

Cafeteira Elétrica Arno 12 xícaras

A Cafeteira Elétrica Arno é basicamente composta de cinco peças: a) a base, com placa de aquecimento e reservatório, em que está montado o circuito ebulidor; b) o porta-filtro, que se encaixa sobre a jarra coletora; c) a tampa superior, com articulação na parte traseira do reservatório, que facilita abrir e fechar, e pode ser facilmente retirada para limpeza; d) a jarra coletora, de material plástico resistente a quebra e riscos, com exclusivo bico antigota e fundo de inox; e) a tampa da jarra, também com articulação para encaixe na parte superior, conservando o calor e protegendo o café (Manual de instruções Arno). – Adaptação das autoras.

Exemplo de descrição técnica de processo:

Imprimir um documento

Ao imprimir um arquivo, você deve primeiro selecionar a impressora onde o arquivo será impresso:

1) No menu *Arquivo*, clique em *Imprimir*.
2) Na caixa *Nome*, clique na impressora onde você irá imprimir o arquivo.
3) Marque a caixa de seleção *Imprimir* para arquivo e clique em *OK*.

Exemplo de descrição literária:

O ambiente não era tão luxuoso como parecera à noite, à luz das lâmpadas. O carpete dava sinais de cansaço. Os móveis tinham também um ar envelhecido. Em tudo parecia pairar um certo desalento. Que talvez nem viesse do ambiente, mas da umidade do ar ou, mais provavelmente, do que acontecera ali na véspera (POZENATO, José Clemente. *O caso do e-mail*. Porto Alegre: Mercado Aberto, 2000. p. 37).

7.5 Definição

A definição é a exposição precisa da essência de um objeto, ser ou ideia, através de uma formulação verbal. Os verbos utilizados na definição são: *é, consiste* ou *significa*. Definir é uma atividade inerente à escrita acadêmica, sendo muito frequente na exposição didática.

7.5.1 Estrutura formal da definição

No que diz respeito à sua formulação lógica e à sua estrutura verbal, a definição constitui-se de quatro elementos:

a) termo: o objeto a ser definido;

b) cópula: verbo *ser* ou seu equivalente (consistir em, significar);

c) gênero: a classe (ou ordem) de coisas a que pertence o termo;

d) diferenças: tudo aquilo que distingue o objeto representado pelo termo de outros objetos incluídos na mesma classe.

Exemplo:

Losango é um quadrilátero de lados todos iguais, com dois ângulos agudos e dois obtusos.

Sujeito = Termo: losango

Verbo de ligação = Cópula: é

Predicativo = Gênero: um quadrilátero

Adjuntos = Diferenças: de lados todos iguais (d1), com dois ângulos agudos e dois obtusos (d2).

7.5.2 Requisitos da definição

Para ser exata, verdadeira e válida, a definição deve apresentar certos requisitos.

a) O termo deve pertencer ao gênero (classe) em que é incluído na definição.

Exemplo: cadeira é um *móvel* e não uma *instalação*.

b) O gênero deve ser amplo o suficiente para compreender a espécie definida, e restrito para que as características individualizantes possam ser diferenciadas de outras espécies.

Segundo esse princípio, não é admissível em uma definição dizer que:
- cadeira é um objeto de uso doméstico (gênero amplo, pois inclui um grande número de outros objetos que nada têm a ver com cadeira), ou
- que é um móvel de sala de aula (gênero restrito, pois exclui outras espécies de cadeira: cadeira de sala de jantar, de escritório etc.).

c) Deve ter uma estrutura gramatical em que o termo (sujeito) e o gênero (predicativo) pertençam à mesma classe de palavras.
Madrugar é **acordar** muito cedo.
Em virtude desse requisito, é inaceitável a seguinte definição:
Madrugar é **quando** se acorda muito cedo.

d) Deve ser obrigatoriamente afirmativa.
Triângulo **é** uma figura geométrica de três ângulos e três lados.
Não há definição quando se diz: triângulo não é um paralelogramo.

e) Deve ser recíproca para não ser incompleta ou insatisfatória.
Exemplo: O homem é um ser vivo racional.
Não há definição completa, quando se diz apenas o homem é um ser vivo, pois o cachorro também é um ser vivo, mas não é um homem.

f) Deve ser breve (contida num só período).
Quando a definição é muito longa e constituída por uma série de períodos passa a ser uma descrição do objeto, uma explicação a que, então, costuma-se dar o nome de definição expandida ou alongada ou, ainda, texto expositivo.

g) Deve ser expressa em linguagem simples e familiar ao leitor. Isso diz respeito principalmente ao gênero. No caso de o gênero não ser mais conhecido do que o termo, torna-se necessário defini-lo também.

h) Não se usa no gênero o termo que se está definindo.

Atividades

1) Classifique os textos que seguem, segundo as funções retóricas: análise, síntese, classificação, descrição ou definição.

a) A folha é um órgão geralmente laminar, clorofilado e, portanto, fotossintetizante, que também efetua transpiração e trocas gasosas com o meio (SILVA JÚNIOR, César da. *Biologia*. São Paulo: Saraiva, 1995. p. 384).

b) As proteínas provêm de duas fontes: de origem animal (carnes, frutos do mar, leite, ovos) e de origem vegetal (leguminosas, frutos oleaginosos – avelãs, amêndoas, castanhas, nozes e sementes de abóbora, gergelim e girassol) (ASSIS, Gercílio Cavalcante de. Inimigo único. *Superinteressante*, São Paulo, ed. 159, p. 76, dez. 2000). – Adaptação das autoras.

c) Parte posterior do braço (tríceps)
Mantenha o braço esquerdo flexionado atrás da cabeça e puxe o cotovelo em direção ao braço direito. Durante o alongamento, mantenha a coluna reta, os pés afastados e os joelhos levemente flexionados. Repita o mesmo com o braço direito (ALONGAMENTO no frio. *Zero Hora*, Porto Alegre, 8 jun. 2002. Caderno Vida, p. 8).

d) Os amidos originam-se de três fontes: dos cereais (arroz, milho, trigo), dos tubérculos (batata, mandioca) e dos farináceos (biscoitos, salgados, massas, pães e outros). Combinam com gorduras, mas recomenda-se não misturar cereais com tubérculos, por exemplo (ASSIS, Gercílio Cavalcante de. Inimigo único. *Superinteressante*, São Paulo, ed. 159, p. 76, dez. 2000). – Adaptação das autoras.

e) Os protozoários formam um grupo muito diverso, por isso podemos formar alguns subgrupos com eles: sarcodíneos, ciliados, flagelados, esporozoários. Os sarcodíneos locomovem-se por emissão de pseudópodes, também utilizados na captura de alimentos, no processo de fagocitose. Podem ter vida livre ou parasita. Seus representantes mais conhecidos são as amebas. Os ciliados locomovem-se por meio de estruturas curtas em forma de fio – os cílios. A maioria tem vida livre, mas existem uns poucos parasitas. Os flagelados locomovem-se por meio de batimento de flagelos. Podem ter vida livre ou ser parasitas. O mais conhecido é o causador da doença de Chagas, o *Trypanossoma cruzi*. Os esporozoários não podem locomover-se por conta própria, pois não apresentam estruturas locomotoras. Todos são parasitas. O mais famoso é o causador da malária, o *Plasmodium sp* (BERTOLDI, O.G.; VASCONCELOS, J.R. de. *Ciência & sociedade*. São Paulo: Scipione, 2000. p. 163). – Adaptação das autoras.

f) O basalto é uma rocha escura, densa, e com granulação fina (BERTOLDI, O.G.; VASCONCELOS, J.R. de. *Ciência & sociedade*. São Paulo: Scipione, 2000. p. 213). – Adaptação das autoras.

g) As gorduras originam-se de duas fontes: fonte vegetal (abacate, azeite vegetal, azeitona) e fonte animal (banha, creme de leite, manteiga). Combinam com os amidos, e não se recomenda misturar gorduras animais com vegetais (ASSIS, Gercílio Cavalcante de. Inimigo único. *Superinteressante*, São Paulo, ed. 159, p. 76, dez. 2000). – Adaptação das autoras.

h) Quer ver as fases da lua? Para isso, você precisa de uma lanterna e de uma bolinha (do tamanho da de tênis). Coloque a lanterna acesa sobre o tampo de uma mesa. Sente-se numa cadeira de frente para a lanterna, erga a mão com a bolinha até a altura de seus olhos. Ilumine a bolinha com a lanterna e veja que metade dela fique iluminada, como a lua. Agora, vá mudando a posição da bolinha em relação a você, posicionando-a à sua frente e à sua esquerda. Depois dê as costas para a lanterna e repita tudo o que fez. Veja o quanto consegue ver da região iluminada: às vezes, conseguirá vê-la toda, outras, só uma parte ou apenas a região escura. Com a lua ocorre o mesmo (BERTOLDI, O.G.; VASCONCELOS, J.R. de. *Ciência & sociedade.* São Paulo: Scipione, 2000. p. 201).

i) Neste capítulo, apresentamos algumas considerações sobre o caráter interacional da leitura, que pressupõe a figura do autor presente do texto através das marcas formais que atuam como pistas para a reconstrução do caminho que ele percorre durante a produção do texto. A capacidade de análise das pistas formais para uma síntese posterior que defina uma postura do autor é considerada essencial à compreensão do texto. A reconstrução de uma intenção argumentativa é considerada ainda como um pré-requisito para o posicionamento crítico do leitor frente ao texto (KLEIMAN, Angela. *Texto e leitor:* aspectos cognitivos da leitura. Campinas, SP: Pontes, 1999. p. 80).

2) Coloque em ordem as palavras que seguem, classificando-as conforme suas semelhanças:
aluno, cálculos, júri, alfabetização, processo, administração, código penal, jurisdição, contabilista, livro de registro, didática, constituição, livro-caixa, petição, ata, assembleia, tribunal, balancete, auditoria, contabilidade, magistrado, jurisprudência, professor, relatório financeiro, advogado, pedagogo.

3) Analise as definições seguintes e indique se estão corretas ou não. Se estiverem incorretas, reescreva-as corretamente:

a) Uma assembleia é quando pessoas reúnem-se, a fim de discutir um determinado assunto.
b) O abstêmio é uma pessoa que não ingere álcool.
c) Uma cama não é uma cadeira, nem uma poltrona.
d) Linguística é a ciência que estuda a linguagem verbal.
e) Administrar consiste em dirigir negócios públicos ou particulares.
f) Um mosteiro é onde os monges habitam.
g) Amnésia é quando um cantor esquece a letra da música.
h) A citologia é o estudo da estrutura e função das células.
i) Geografia é a ciência que trata da descrição da terra.
j) Um carro não é uma moto.

4) Defina os seguintes termos:
   a) um mamífero
   b) uma universidade
   c) uma lei
   d) um retângulo

5) Faça a descrição técnica da cadeira na qual você está sentado.

6) **Proposta de produção textual:** imagine que você é o redator de uma revista de informática. A partir de uma pergunta, faça a descrição de um processo.

8
Argumentação

A argumentação, na concepção de Koch, configura-se como uma atividade estruturante do discurso, pois marca as possibilidades de sua construção e lhe assegura a continuidade. Ela é a responsável pelos encadeamentos discursivos, articulando enunciados ou parágrafos, transformando-os em texto. A progressão do discurso faz-se, exatamente, através das articulações da argumentação (1993, p. 59). Assim, a argumentação dá-se a partir do raciocínio lógico, no qual o locutor mostra seu pensamento numa opinião progressivamente construída.

Argumentar, conforme Abreu, é convencer, ou seja, vencer junto com o outro, caminhando ao seu lado, utilizando as técnicas argumentativas com ética. É também motivar o outro a fazer o que se quer, mas deixando que ele faça isso com autonomia, a partir de sua própria escolha (2001, p. 93).

Segundo Vigner (1988), a argumentação consiste no conjunto de procedimentos linguísticos utilizados no nível do discurso, a fim de sustentar uma afirmação, obter uma adesão ou justificar uma tomada de posição. Exemplos:

a) Sustentar uma afirmação: A esmola é necessária, porque é uma das formas de ação contra a miséria.

b) Obter uma adesão: Precisamos dar esmolas para não sermos cúmplices da pobreza que nos rodeia.

c) Justificar uma tomada de posição: Sou a favor da esmola, pois o nosso país precisa de solidariedade para sobreviver.

Para a construção de um texto argumentativo faz-se uso dos operadores argumentativos (estudados no capítulo 5). Esses operadores unem as diferentes partes de um texto, contribuindo para a articulação das ideias e maior discursividade.

Todo o texto argumentativo possui uma tese. A tese consiste na posição ideológica ou na conclusão geral a que se chega quando se defende uma questão. É uma afirmação que o sujeito apresenta para a aprovação do interlocutor.

Segundo o *Manual do avaliador*, da UFRGS, uma argumentação compõe-se de *argumentos*, que têm a finalidade de fundamentar o ponto de vista, e de *raciocínios*, que relacionam os argumentos com o ponto de vista e encadeiam os argumentos entre si. Uma argumentação é considerada *clara*, se essas relações ficam evidentes; *coerente*, se não apresenta contradições entre o ponto e os argumentos; *consecutiva*, se a ordem de encadeamento dos argumentos é a mais adequada para conduzir a discussão, de modo a deixar o leitor perceber relações de maior ou menor relevância entre esses argumentos. Como um texto se desenvolve de modo linear, palavra após palavra, frase após frase, parágrafo após parágrafo, o encadeamento tem de ser concatenado de tal forma que cada parte ocupe o lugar mais adequado numa sequência em que a argumentação progrida sem repetição ou circularidade ([s.d.], p. 6).

Para uma boa argumentação, o produtor de um texto pode se servir de diferentes tipos de argumentos, dos quais serão apresentados os mais importantes.

8.1 Tipos de argumentos

8.1.1 Argumento de autoridade

O argumento de autoridade consiste em um recurso linguístico que utiliza a citação de autores renomados (escritores célebres) e de autoridades de um certo domínio do saber (educadores, filósofos, físicos, membros da Igreja etc.), para fundamentar uma ideia, uma tese, um ponto de vista (PLATÃO; FIORIN, 1996. p. 285). Koch ressalta que o recurso a provérbios, máximas, ditos populares, expressões consagradas pelo uso também pode ser considerado um exemplo de argumento por autoridade (1993, p.157). Recorre-se a esse tipo de argumento quando aquilo que se diz é passível de discussão.

Desse modo, quanto maior a autoridade, maior será o respaldo a respeito do que se afirma. Por exemplo, quando se discute um assunto na área da educação e se faz uma citação valendo-se dos argumentos de Paulo Freire, cuja autoridade é supostamente reconhecida, tem-se um respaldo sobre o que está sendo discutido. Exemplo: Segundo Freire, "ensinar não é *transferir* conhecimento, mas criar possibilidades para a sua produção ou sua construção" (2001, p. 24-25).

O emprego desse tipo de argumento, portanto, torna o discurso mais consistente, pois outras vozes reforçam o que o produtor de um texto quer defender.

8.1.2 Argumento baseado no consenso

O argumento baseado no consenso consiste no uso de proposições evidentes por si mesmas ou universalmente aceitas como válidas, para efeitos de argumentação. No entanto, segundo Platão e Fiorin, não se deve confundir argumento baseado no consenso com lugares comuns carentes de base científica e de validade discutível (1996, p. 286). Por exemplo, quando se diz que a educação é o alicerce do futuro, refere-se a uma ideia aceita como verdade. Por outro lado, quando se afirma que o brasileiro é preguiçoso, parte-se de um preconceito, e não de um consenso geral.

A presença dos argumentos de consenso no discurso desperta familiaridade no interlocutor, tornando-o mais permeável às ideias contidas no texto e, consequentemente, conquistando sua adesão às teses defendidas.

8.1.3 Argumento baseado em provas concretas

O argumento baseado em provas concretas apoia-se em evidências dos fatos que corroboram a validade do que se diz. Ao se afirmar, por exemplo, que uma determinada instituição é séria, obtém-se maior aprovação do que é dito quando fatos concretos corroborarem tal afirmação. Platão e Fiorin enfatizam que não se podem fazer afirmações sem apoio em dados consistentes, fidedignos, suficientes, adequados e pertinentes (1996, p. 288).

As provas concretas constituem-se, principalmente, de relatos de fatos, dados estatísticos, exemplos e ilustrações. Os fatos são elementos muito importantes na argumentação, visto que eles dão concretude ao discurso e, por isso, convencem. Por sua vez, os dados estatísticos são informações específicas que têm grande poder de convencimento. Já os exemplos são relatos de fatos ou condutas de pessoas que representam uma determinada situação. As ilustrações referem-se a exemplos alongados, entremeados de detalhes e descrições, tornando mais concreta a argumentação sobre temas abstratos.

Exemplo de argumento baseado em provas concretas (dados estatísticos):

> Pesquisas do Banco Mundial mostram que a jornada escolar é curta e uma baixa proporção do tempo é gasta em tarefas propriamente escolares. Há intervalos sem professor em sala de aula e professores que cuidam de um ou outro aluno e deixam os demais sem ter o que fazer. Erro grave é o tempo excessivo que o professor gasta escrevendo no quadro, os alunos copiando e respondendo a perguntas desinteressantes – 25% a 47% do tempo (CASTRO, Cláudio de Moura. A hora na sala de aula. *Veja*, São Paulo, ano 35, n. 18, ed. 1750, 8 maio 2002. Ponto de vista, p. 20).

8.1.4 Argumento da competência linguística

O argumento da competência linguística consiste no uso da linguagem adequada à situação de interlocução. De acordo com Citelli, a busca dos efeitos argumentativos envolve uma conduta quanto à escolha das palavras, locuções e formas verbais; optar por um termo em detrimento de outro significa o cruzamento dos planos estilísticos e ideológicos na direção dos discursos persuasivos (1994, p. 69). Por exemplo, um advogado expressar-se-á utilizando a norma culta e a terminologia pertinente à sua área, ao defender uma causa perante um juiz.

O argumento da competência linguística constitui fator essencial para o estabelecimento de uma relação interlocutiva entre autor e leitor, pois somente a adequação da linguagem ao interlocutor permite a integração ao universo do outro.

8.2 Análise de um texto argumentativo

Sem medo dos transgênicos

01 A maioria das pessoas está preocupada com a segurança dos alimentos transgênicos. Toda inovação tecnológica, ainda mais quando presente nos alimentos, provoca uma série de inquietações. Na Europa, por exemplo, uma grande parcela da população não está convencida de que os produtos derivados da biotecnologia são seguros. Mas será que existem motivos reais para que se tenha tanto medo de ingerir esses alimentos?

02 Como pesquisadora em genética (de uma instituição pública, não vinculada a grupos multinacionais), posso garantir que não. Na Europa, esse medo surgiu de problemas que não têm ligação nenhuma com os alimentos geneticamente modificados. As crises de segurança alimentar desencadeadas pela desastrada condução do caso da vaca louca (uma doença), no Reino Unido, e a contaminação de carne de frango e ovos com dioxina (uma toxina), na Bélgica, geram um clima de desconfiança diante dos transgênicos que vêm deixando as pessoas confusas e, o pior, mal-informadas.

03   Antes de criticar esses alimentos, é preciso saber que há mais de 70 anos os pesquisadores vêm realizando cruzamentos entre plantas com o objetivo de transferir genes de uma espécie para outra. Durante todo esse tempo, o tomate, a batata, o milho, o trigo, a aveia e outros vegetais que você come diariamente já possuem genes que eram, originalmente, de outras espécies. Ou seja: os transgênicos não são nenhuma novidade. O que mudou, recentemente, foi o surgimento de novas técnicas de modificação genética.

04   A mais importante delas é a chamada "técnica de DNA recombinante". Ela permite que se possa isolar um gene de uma espécie para que ele seja colocado em outra planta, sem a necessidade de compatibilidade sexual. Uma vez inserido, a planta que surge daí vai conter uma cópia do novo gene que, então, poderá ser reproduzida como qualquer outra. A escolha de um ou mais genes para serem adicionados, após cuidadosa análise de suas características e funções, é certamente bem mais segura que a introdução de milhares de genes de uma só vez, como nos cruzamentos de espécies que vêm sendo feitos nos últimos anos.

05   Desde 1995, produtos geneticamente modificados estão sendo comercializados nos estados. Ao todo, 13 países cultivam essas plantas, que têm sido consumidas por milhares de pessoas sem nenhuma evidência de efeito negativo. O que pouca gente sabe é que os transgênicos estão presentes em nossas vidas há vários anos. A maior parte da insulina utilizada no mundo para o tratamento de diabéticos, por exemplo, é obtida por engenharia genética: um gene humano sintético, inserido em uma bactéria, produz uma réplica exata da insulina humana. O curioso é que o cidadão que entra numa manifestação contra esses alimentos sem nenhum conhecimento sobre o tema é o mesmo que consome com entusiasmo, sem saber, diversos desses produtos: da vacina contra a gripe até o hormônio de crescimento para crianças com nanismo.

06   Isso não significa, é claro, que a avaliação particular de cada planta transgênica deva ser negligenciada. O que não se pode ter é uma espécie de medo irracional diante desses alimentos mesmo depois que eles são submetidos a testes rigorosos – sem apresentar nenhum problema à saúde humana ou ao meio ambiente. Afinal, não se pode desperdiçar o potencial da engenharia genética pela falta de informação ou pelo uso político de grupos que, em vez de debater seriamente o assunto, fazem manifestações ingênuas contra o avanço dessa tecnologia sem ao menos conhecer seus métodos. Não é a população que deve temer cegamente os alimentos geneticamente modificados. Quem

tem razões para atacá-los são os produtores de inseticidas e agroquímicos, já que a biotecnologia deve criar plantas cada vez mais resistentes a pragas, diminuindo a necessidade do uso desses insumos.

07   Em meio a tanta falta de informação, o debate em torno desse tema fez com que, pelo menos, boa parte da população passasse a prestar mais atenção na segurança dos alimentos. Com o passar do tempo, elas vão descobrir que a principal ameaça não vem dos transgênicos, mas dos alimentos que já estão nas prateleiras dos supermercados repletos de resíduos químicos danosos à saúde que, com o avanço da biotecnologia, poderão em breve ser eliminados (ZANETTINI, Maria Helena. Sem medo dos transgênicos. *Superinteressante*, São Paulo, ed. 186, mar. 2003. Superpolêmica, p. 90).

O texto argumentativo em estudo é um artigo de opinião, pois propõe uma questão a ser desenvolvida, constrói uma opinião e responde a questão proposta. Apresenta a seguinte estrutura: situação-problema, discussão e solução-avaliação.

No primeiro parágrafo – situação-problema – a autora aborda a insegurança da população frente aos produtos transgênicos, lançando uma interrogação: *Mas será que existem motivos reais para que se tenha tanto medo de ingerir esses alimentos?*

Do segundo ao quinto parágrafo – discussão – a autora vale-se de argumentos para convencer os leitores de que não há motivos para a população temer os alimentos geneticamente modificados, apresentando aspectos favoráveis aos transgênicos.

No segundo parágrafo, a autora menciona a sua atuação profissional como pesquisadora em genética de uma universidade pública não vinculada a multinacionais, para garantir a autoridade de sua argumentação, mostrando por que tem a certeza do que afirma. Utiliza, ainda, argumentos baseados em provas concretas, mostrando que os casos da vaca louca, no Reino Unido, e da carne de frango e ovos com dioxina, na Bélgica, não têm ligação com os alimentos geneticamente modificados, e que o medo provém, portanto, da falta de informações.

No terceiro parágrafo, Zanettini utiliza um dado concreto – o fato de que há mais de 70 anos os pesquisadores realizam cruzamentos genéticos nos alimentos que ingerimos diariamente – para afirmar que os transgênicos não são nenhuma novidade e que a mudança está apenas no surgimento de novas técnicas de modificação genética.

No quarto parágrafo, explica a mais importante técnica de modificação genética, a do "DNA recombinante", que permite o isolamento de um gene de uma espécie para que ele seja colocado em outra planta, sem a necessidade de compatibilidade sexual.

No quinto parágrafo, novamente, a autora vale-se de provas concretas para sustentar a tese de que os transgênicos não são prejudiciais. Para tal, ela se refere aos fatos de que, desde 1995, produtos geneticamente modificados estão sendo comercializados nos estados e de que 13 países cultivam essas plantas, que têm sido consumidas por milhares de pessoas sem efeitos negativos.

O sexto e o sétimo parágrafos apresentam a solução-avaliação do texto em estudo. No sexto, a pesquisadora recomenda que não devemos ter medo dos alimentos transgênicos e nem desperdiçar o potencial da engenharia genética pela desinformação ou pelo uso político. Diz, ainda, que são os produtores de inseticidas e agroquímicos que devem temer os alimentos geneticamente modificados devido à sua resistência a pragas. No sétimo, ela avalia positivamente a discussão em torno dos transgênicos, uma vez que, a partir dela, a população passou a prestar mais atenção na segurança dos alimentos. Coloca, finalmente, que as pessoas irão descobrir que a principal ameaça à saúde não está nos transgênicos, mas nos alimentos que já estão nas prateleiras dos supermercados, repletos de resíduos químicos.

Atividades

Leia atentamente o texto argumentativo que segue.

A lógica da esmola

Você conhece gente que se faz de morta quando um pobre se aproxima para pedir uma esmola? O que será que essas pessoas sentem?

O objetivo de todo pedinte é conseguir contribuições voluntárias de pessoas que nem sempre estão dispostas a contribuir. Gary Becker, Prêmio Nobel de Economia, por quem nutro um grande apreço, acaba de publicar uma intrigante análise sobre a mendicância (Spouses and Beggars: Love and Sympathy, 1996).

Segundo sua teoria, a estratégia do pedinte se baseia na utilização adequada da aparência e da linguagem. Usando vestes, postura, gestos, palavras e situações, ele procura fazer brotar no potencial doador um sentimento de culpa e piedade que, por sua vez, desemboca na simpatia que o leva a repartir um pouco dos seus bens.

Para Becker, o desconforto do doador e os apelos do pedinte é que instigam a pessoa a conceder a ajuda solicitada. O doador dá esmolas, portanto, para se livrar de um mal-estar. Trata-se de uma conduta calculista e de cunho eminentemente utilitário.

O que você acha dessa teoria? Do meu lado, penso que ela se aplica a uma boa parcela dos americanos. Talvez se ajuste também ao caso das pessoas da elite e classe média alta no Brasil. Conheço casos extremos de gente que até desfruta encontrar um pobre, porque isso lhes permite dar esmolas e aliviar culpas.

Mas, essa não é a situação mais comum. Nos dias de hoje, é ilusório para os pedintes esperar que uma legião de "culpados" corra atrás deles para oferecer a sua ajuda. Os pobres que param ao lado dos carros luxuosos nas esquinas das grandes cidades sabem como é difícil emitir o tipo de sinal que comova o motorista e redunde em esmola. Para eles, de fato, o desafio é criar um tipo de manifestação que leve a "vítima" a ajudá-los para se livrar de um desconforto. Nesse campo, Becker está certo.

Por outro lado, verifico que os grandes lances de solidariedade no Brasil são muito mais frequentes entre os pobres do que entre os ricos. As pessoas que menos têm são as que mais dão. Basta ver como os doentes pobres se ajudam dentro de um hospital ou num instante de emergência na vizinhança.

Como é comum entre os moradores das favelas e cortiços o empréstimo de pequenas quantidades de alimentos, agasalhos e cobertores na hora da necessidade!

Quem não conhece casos de famílias pobres que, apesar de sua pobreza, recolhem, com o maior desprendimento, um parente ou um amigo (às vezes, até um desconhecido) quando este precisa de um teto?

Será que isso é feito por sentimento de culpa ou para se livrar do necessitado? A teoria de Gary Becker é muito elegante, mas duvido que tenha a amplitude que ele supõe ter.

A esta altura, é legítimo ao leitor perguntar: Afinal, quem é esse professor para discordar de um Prêmio Nobel? Eu também me faço essa pergunta. Mas, não resisto afirmar que a solidariedade da pobreza no Brasil é uma realidade indiscutível e nada tem a ver com sentimentos de culpa ou desconforto.

A conduta dos que mais se ajudam está longe de cálculos utilitários. Fazer-se de morto diante de um pedinte não é comportamento de classe baixa. Ao contrário: a prática generalizada da ajuda mútua, nesse segmento, é que me faz entender por que um país tão desigual como o nosso tem conseguido navegar sem ter caído, até o momento, numa devastadora convulsão social.
(PASTORE, José. A lógica da esmola. *O Jornal da Tarde*, São Paulo, 30 jul. 1997. Disponível em: <http://www.josepastore.com.br/artigos/cotidiano/034.htm>. Acesso em: 28 fev. 2002).

Responda às questões:

1) Quem é o autor do texto? Qual é a sua fonte?
2) O que indicam os elementos presentes no rodapé?
3) Em que pessoa discursiva foi escrito o texto?
4) Que tempo verbal foi mais empregado?
5) Qual foi a intenção do autor ao utilizar a pessoa discursiva e o tempo verbal referidos nas perguntas anteriores?
6) Na discussão, José Pastore comenta a teoria de Gary Becker sobre a doação de esmolas. Que teoria é essa?
7) O autor usa um forte argumento para discordar da teoria de Becker. Que argumento é esse? Sublinhe, no texto, passagens que confirmem esse argumento.

8) Assinale o tipo do argumento anteriormente referido:
   a) argumento de autoridade ( )
   b) argumento baseado no consenso ( )
   c) argumento baseado em provas concretas ( )
   d) argumento da competência linguística ( )

9) Assinale o objetivo do autor em relação ao argumento referido, justificando sua resposta:
   a) sustentar uma afirmação ( )
   b) obter uma adesão ( )
   c) justificar uma tomada de posição ( )
   Justificativa:

10) Há um aspecto em que o autor concorda com Becker. Que aspecto é esse?

11) Há uma mesma lógica da esmola em Becker e em Pastore? Explique.

12) Indique as linhas do texto em que aparecem as seguintes partes:
   a) Situação-problema:
   b) Discussão:
   c) Solução-avaliação:

13) Encontre os referentes de:
   a) essas pessoas (linha 02):
   b) ele (linha 10):
   c) lhes (linha 20):
   d) deles (linha 23):
   e) que (linha 24):
   f) los (linha 27):
   g) as (linha 31):
   h) ele (linha 41):

14) Indique qual é a relação que os articuladores destacados estabelecem no texto:
   a) portanto (linha 14):
   b) porque (linha 20):
   c) mas (linha 22):
   d) mas (linha 40):
   e) mas (linha 43):

15) Aponte o sentido dos seguintes vocábulos no texto:
   a) morta (linha 01):
   b) pedinte (linha 03):
   c) voluntárias (linha 03):
   d) instigam (linhas 13-14):
   e) eminentemente (linha 16):
   f) vítima (linha 27):
   g) lances (linha 29):
   h) solidariedade (linha 44):
   i) conduta (linha 46):

16) **Proposta de produção textual:** produza um texto, observando o tema: *Dar ou não dar esmolas*. Procure ler textos em jornais e revistas, para você obter argumentos e posicionar-se a respeito do assunto. Imagine que seu texto será o editorial do jornal que circula em sua cidade.

9
Resumo

O resumo consiste na redução fiel de um texto, mantendo suas ideias principais, sem a presença de comentários ou julgamentos. Para Garcez, o resumo, como reconstrução do percurso de um texto, não pode acrescentar ideias novas, pois se trata de uma síntese, uma compactação, e não uma crítica, uma resenha ou um comentário que permitem ampliação e discussão (2001, p. 51).

Segundo Platão e Fiorin (1995), resumir um texto significa condensá-lo à sua estrutura essencial sem perder de vista três elementos: a) as partes essenciais do texto; b) a progressão em que elas aparecem no texto; c) a correlação entre cada uma das partes.

No resumo de textos narrativos a atenção recai nos aspectos causais ou sequenciais; no de descritivos, nos aspectos visuais e espaciais; e no resumo de textos dissertativos, na organização e na construção das ideias. Segundo van Dijk e Kintsch (1983 apud FONTANA, 1995, p. 89), um texto pode ser resumido mediante três macrorregras. Vejamos:

Regra 1

(1) Os meninos inquietos quebraram o vidro fosco da escola.

Em (1), podemos suprimir as palavras **inquietos** e **fosco**, pois são propriedades acidentais de *meninos* e de *vidro*, e constituem uma informação irrelevante.

Então, o texto resumido será ⇒ Os meninos quebraram o vidro da escola.

(2) O médico era muito competente. Ele curava muitos pacientes.

Em (2), podemos suprimir a segunda proposição – **Ele curava muitos pacientes** – já que curar pacientes é essencial ao médico competente, portanto, essa informação é redundante.

O texto resumido será ⇒ O médico era competente.

A regra 1 chama-se **apagamento**. Essa regra consiste na cópia das proposições básicas e no apagamento daquelas que trazem um conteúdo irrelevante (1) ou redundante (2).

Regra 2

(3) Lucas gosta de maçã, pera e uva.

Em (3), podemos substituir **maçã, pera e uva** por um único termo mais geral.

O texto resumido ficará desse modo ⇒ Lucas gosta de frutas.

(4) Felipe viu um cachorro, um coelho e um gato.

Em (4), podemos substituir **cachorro, coelho** e **gato** por um único termo.

O texto resumido será ⇒ Felipe viu animais.

A regra 2 chama-se **generalização**. Consiste na substituição de uma série de nomes de seres, de propriedades e de ações por um único ser, propriedade ou ação mais geral.

Regra 3

(5) Ana pegou as bagagens, saiu de casa, tomou um táxi, chegou à estação, comprou um bilhete, esperou o trem e entrou.

Em (5), o texto resumido será ⇒ Ana viajou.

(6) Paulo comprou cimento, tijolos e madeira, fez as fundações, construiu paredes, o telhado, ...

Em (6), o texto resumido será ⇒ Paulo construiu uma casa.

A regra 3 chama-se **construção**. A partir dessa regra, podemos substituir uma sequência de proposições, expressas ou pressupostas, por uma proposição que seja inferida delas, através da associação de seus significados.

A técnica de sublinhar

Ao resumir, podemos usar uma técnica que consiste em sublinhar o conteúdo relevante, apagando informações e substituindo outras por generalizações.

Observe o exemplo:

Os principais meios de comunicação de massa são três: o jornal, o rádio e a televisão. Eles destinam-se a distrair e a informar os leitores, ouvintes e telespectadores, respectivamente. O jornal através das mais diversas matérias, sobre os últimos acontecimentos do Brasil e do mundo. O rádio com músicas, notícias, comentários etc. A televisão, por sua vez, através de novelas, programas de humor, telejornais, programas de auditório e, hoje, mais do que nunca, programas envolvendo pessoas comuns.

Os três meios de comunicação, no entanto, devem ser encarados com crítica, cautela e desconfiança, para não interferirem em nossas decisões, opiniões e modo de ver o mundo que nos cerca.

O texto pode ser assim resumido:

Os principais meios de comunicação de massa são o jornal, o rádio e a televisão. Eles destinam-se a distrair e a informar os indivíduos. Contudo, devem ser encarados com crítica para não interferirem em nossas vidas.

A *técnica de sublinhar* pode ser desenvolvida da seguinte maneira:

a) ler o texto integralmente, para apreensão do tema;

b) esclarecer dúvidas de vocabulário;

c) reler o texto, identificando as ideias principais, sublinhando as ideias-chave e as informações mais significativas;

d) ler o que foi sublinhado, verificando se há sentido;
e) reconstruir o texto, a partir do que foi sublinhado.

Atividades

Usando a técnica de sublinhar, faça o resumo dos textos que seguem:

1) A raposa

Existiu um lenhador que acordava às 6 horas e trabalhava o dia inteiro, cortando lenha, só parando à noite. Esse lenhador tinha um filho lindo, de poucos meses, e uma raposa, sua amiga, tratada como bicho de estimação e de sua total confiança.

Todos os dias, o lenhador ia trabalhar e deixava a raposa cuidando de seu filho. Todas as noites, ao retornar do trabalho, a raposa ficava feliz com sua chegada.

Os vizinhos do lenhador o alertavam que a raposa era um bicho, um animal selvagem, e, portanto, não era confiável. Quando ela sentisse fome, comeria a criança. O lenhador falava que isso era uma grande bobagem. A raposa era sua amiga e jamais faria isso. Os vizinhos insistiam:

– Lenhador abra os olhos! A raposa vai comer seu filho.

– Quando sentir fome, comerá seu filho!

Um dia, o lenhador, muito exausto do trabalho e muito cansado desses comentários, ao chegar em casa, viu a raposa sorrindo como sempre e sua boca totalmente ensanguentada. O lenhador suou frio e, sem pensar duas vezes, acertou o machado na cabeça do animal.

Ao entrar no quarto, desesperado, encontrou seu filho no berço, dormindo tranquilamente, e, ao lado do berço, uma cobra morta.

O lenhador enterrou o machado e a raposa juntos (Autor desconhecido). – Adaptação das autoras.

2) Vestir-se seria um ato totalmente livre não fossem as limitações econômicas e as influências culturais, das quais a moda é muito importante. Esta, no entanto, perdeu o radicalismo e o novo milênio lhe confere uma gramática sem

regras rígidas, em que o denominador comum é o equilíbrio fortalecido pelo estilo pessoal. A moda é efêmera, passa, os estilos permanecem e haverá sempre pessoas clássicas, *sexy*, românticas e vanguardistas, selecionando o guarda-roupa de acordo com seu perfil psicológico (RIBEIRO, Célia. *Boas maneiras e sucesso nos negócios.* Porto Alegre: L&PM, 1993. p. 93).

3) A forma mais usual que o homem utiliza para interpretar a si mesmo, o seu mundo e o universo como um todo, produzindo interpretações significativas, isto é, conhecimento, é a do senso comum, também chamado de conhecimento ordinário, comum ou empírico. [...] Esse conhecimento surge como *consequência da necessidade de resolver problemas imediatos*, que aparecem na vida prática e decorrem do contato direto com os fatos e fenômenos que vão acontecendo no dia a dia, percebidos principalmente através da percepção sensorial. Na idade pré-histórica, por exemplo, o homem soube fazer uso das cavernas para abrigar-se das intempéries e proteger-se da ameaça dos animais selvagens. Progressivamente, foi aprendendo a dominar a natureza, inventando a roda, meios mais eficazes de caça e de pesca, tais como lanças, redes e armadilhas, canoas para navegar nos lagos e rios, instrumentos para o cultivo do solo e tantos outros. O uso da moeda, o carro puxado por animais, o uso de remédios caseiros utilizando ervas hoje classificadas como medicinais, os instrumentos artesanais utilizados para a construção de moradias e para a confecção de tecidos e do vestuário, a fabricação de utensílios domésticos, o estabelecimento de normas e leis que regulamentavam a convivência dos indivíduos no grupo social, são exemplos que demonstram como o homem evoluiu historicamente buscando e produzindo um conhecimento útil gerado pela necessidade de produzir soluções para os seus problemas de sobrevivência.

O conhecimento do senso comum, sendo resultado da necessidade de resolver os problemas diários, não é, portanto, antecipadamente programado ou planejado. À medida que a vida vai acontecendo, ele se desenvolve, seguindo a ordem natural dos acontecimentos. Nele, há uma tendência de manter o sujeito que o elabora como um espectador passivo da realidade, atropelado pelos fatos. Por isso, o conhecimento do senso comum caracteriza-se por ser elaborado de forma *espontânea e instintiva*. No dizer de Buzzi (1972, p. 46-47) "...é um conhecer e um representar a realidade tão colado, tão solidário à própria realidade, que o homem quase não se distancia dela; é quase pura vida, de modo que, tomado isolado do processo da vida [...] de quem o elaborou, resulta incôngruo, descabido, alógico. [...] É um viver sem conhecer". Isso demonstra que esse conhecimento é, na maioria das vezes, vivencial e, por isso, ametódico (KÖCHE, José Carlos. *Fundamentos de metodologia científica*. 20. ed. Petrópolis: Vozes, 2002. p. 23-24).

4) Para muitos, a filosofia não serve para nada e não há o que fazer com ela. Essa pode ser inclusive a sua opinião. Mas em que tipo de argumento se sustenta tal afirmativa? Vivemos numa sociedade que ainda prioriza os meios em detrimento dos fins, a técnica em detrimento do entendimento do uso dessa mesma técnica. Mesmo que o panorama atual esteja sugerindo outras necessidades, ainda temos uma educação voltada para afirmar o mundo das utilidades imediatas. Na verdade, vivemos um momento que permite a convivência dessas contradições de maneira muito mais forte do que em outras épocas. A todo instante os meios de comunicação ressaltam a importância das pessoas que pensam. Hoje em dia, as empresas começam a divulgar a necessidade de trabalhadores capazes de pensar por si mesmos. Já se sabe que bons cumpridores de ordens são profissionais do passado. Já se

sabe que seguidores cegos de regras e normas são cidadãos não desejáveis. A sociedade vem mudando e desejando outro tipo de pessoa, tanto no nível de relação com o conhecimento quanto no de relações afetivas, éticas e político-sociais.

A filosofia pode ajudar nesse sentido, pois atua no aprimoramento do pensar e oferece oportunidades de aprender a aprender (SÁTIRO, Angélica; WUENSCH, Ana Miriam. *Pensando melhor*: iniciação ao filosofar. São Paulo: Saraiva, 1997. p. 351).

5) O poder não é uma coisa, mas uma relação que se dá entre os humanos. Ao contrário da força física, que é visível, o poder tem mil faces e muitas delas invisíveis ou simbólicas. Podemos perceber e sentir o poder de uma palavra, de um gesto, de uma imagem, de uma atitude, mas não podemos contê-lo ou nos apossar dele.

Parece que o poder manifesta sempre o desejo do reconhecimento de uma pessoa por outra, de um grupo por outro, e, para obter esse reconhecimento, pode até lançar mão da força física ou da manipulação, que são controláveis.

O poder é algo que envolve os outros, não existe solitariamente. Manifesta-se através de nós, entre nós, sempre que nos relacionamos uns com os outros, socialmente, politicamente, ou mesmo entre pares, mais privadamente. O poder é gerado pelos humanos que interagem, e manifesta sua potência transformadora apenas quando os homens estão juntos.

Por ser incontrolável, os homens sempre tentaram conservar o poder, através de gestos, símbolos, ritos e cenas. Mas o poder não pode ser fixado, e sempre escapa das formas que lhe dão, esvaziando e deixando para trás aquelas referências para se manifestar mais adiante em outras (SÁTIRO, Angélica; WUENSCH, Ana Miriam. *Pensando melhor*: iniciação ao filosofar. São Paulo: Saraiva, 1997. p. 289).

10
Esquema/resumo

O esquema é a reelaboração do plano de um texto, e pode ser definido como um resumo não redigido. Para fazer um esquema, usam-se símbolos, abreviaturas, chaves, flechas, gráficos, desenhos e maiúsculas, além de outros recursos que contribuam para a sua compreensão (ANDRADE; HENRIQUES, 1992, p. 54). Geralmente, o esquema é utilizado para textos curtos, pois os longos prestam-se mais a resumos.

Conforme Garcez, a partir do esquema, podemos elaborar um novo texto, mais curto que o original, o resumo (2001, p. 49). Um texto pode ser esquematizado valendo-se da técnica de sublinhar.

Observemos o texto:

Tradicionalmente, diz-se que várias são as formas de conhecer: o mito, o senso comum, a ciência, a filosofia, a religião e a arte. Diz-se também que essas formas diferem de acordo com a postura do sujeito frente ao objeto. Essa postura distinta gera diferentes enfoques e metodologias. A ciência pode estruturar seu saber por meio do método científico, ou tem como eixo básico a experimentação e a formulação de hipóteses. A filosofia procura conhecer através da reflexão rigorosa, sistemática e radical, numa abordagem globalizante. A religião, através da fé, busca dar sentido transcendente ao mundo e à vida humana. A arte, principalmente por meio da intuição e da sensibilidade, propõe sua leitura de mundo, sua forma de conhecê-lo e interpretar esse conhecimento. O senso comum é resultante das várias formas de conhecimento amalgamadas na herança do grupo cultural ao qual pertencemos e das experiências de cada um de nós. Já o mito é repleto de componentes imagéticos e arquetípicos, que conectados imprimem significado ao mundo (SÁTIRO, Angélica; WUENSCH,

Ana Miriam. *Pensando melhor:* iniciação ao filosofar. São Paulo: Saraiva. 1997, p. 351). – Adaptação das autoras.

Agora, observe o esquema:

As diversas formas de conhecer diferem de acordo com a postura do sujeito.

Formas de conhecer:

1) Ciência ⇒ estrutura o saber por meio do método científico
2) Filosofia ⇒ conhece pela reflexão
3) Religião ⇒ dá sentido à vida pela fé
4) Arte ⇒ interpreta o conhecimento pela intuição e sensibilidade
5) Senso comum ⇒ resultado da herança e das experiências
6) Mito ⇒ dá significado ao mundo através dos símbolos e imagens

Resumo

As formas de conhecer diferem de acordo com a postura do sujeito. A ciência estrutura o saber por meio do método científico; a filosofia conhece pela reflexão; a religião dá sentido à vida pela fé; a arte interpreta o conhecimento pela intuição e sensibilidade; o senso comum é resultante das diferentes experiências; e o mito dá significado ao mundo através dos símbolos.

Atividades

Esquematize os textos que seguem e faça o resumo dos mesmos:

1) A água tem uma característica especial: ao congelar, expande seu volume em cerca de 10% (razão pela qual, em regiões muito frias, pode até arrebentar encanamentos ocasionando grandes transtornos). Isso ocorre devido ao formato

angular das moléculas, que não permite que se agrupem muito próximas umas das outras. Resultado: quando o líquido solidifica, essas moléculas ocupam um espaço maior, formando uma estrutura vazada, leve como o ar. "Esse aumento de volume faz com que o gelo tenha uma densidade menor que a água em estado líquido. É por isso que ele acaba flutuando, em vez de afundar," afirma o físico Cláudio Furukawa, da Universidade de São Paulo. Além da água, apenas a prata, o bismuto, o antimônio e o ferro-gusa ficam com um volume maior em seu estado sólido (POR QUE a água congelada flutua, em vez de afundar? *Superinteressante*, São Paulo, ed. 169, p. 30, out. 2001).

2) O Ocidente, em seu esforço por não admitir a morte, está há pelo menos 30 anos obcecado pela ideia do jovem como metáfora de vida saudável. O envelhecimento é visto sempre como decrepitude – e a morte é vista sempre como a epítome disso. Há uma negação muito clara da finitude. Sobretudo porque os valores da sociedade de massa e de consumo são antagônicos à ideia de morte: o fetichismo da juventude eterna, os ideais de progresso, a acumulação de bens, a busca da imortalidade. A sociedade ocidental vive um presente perpétuo, imediato. Não há nem a visão de um futuro e nem a evocação de um passado. Por isso, a morte não é admitida como uma experiência humana aceitável. O resultado é uma sociedade atormentada, que busca inutilmente a serenidade e a felicidade não no autoconhecimento, mas em fugas da realidade indiscutível de que um dia iremos deixar de existir (VOMERO, Maria Fernanda. Morte. *Superinteressante*. São Paulo, ed. 173, p. 41, fev. 2002). – Adaptação das autoras.

3) O alho excita as glândulas gastrintestinais e aumenta a secreção dos sucos digestivos, principalmente da vesícu-

la. Com isso não se desenvolvem bactérias prejudiciais ao intestino. Ao favorecer a eliminação das toxinas no sangue, promove a limpeza, provoca a redução da pressão sanguínea e melhora a circulação das coronárias. Mantém a artéria do coração flexível. A maior beneficiada é a aorta que, com a idade, tende a endurecer, afetando o fluxo do sangue. Quem dá tais propriedades ao alho é a sua riqueza em manganês (GËHRKE, Arno. *Viva mais e melhor*. São Paulo: Esfera, 2000. p. 278). – Adaptação das autoras.

11
Paráfrase

A paráfrase é um texto que traz as mesmas informações de um outro texto, por meio de outras palavras; tem a mesma função, mas apresenta uma forma de organização diferente (GARCEZ, 2001, p. 57). Parafrasear, portanto, é expressar as ideias de alguém com uma construção e um vocabulário próprios. Ela possibilita a construção de gêneros textuais, como o resumo, a resenha e o artigo acadêmico.

Conforme Garcez, na paráfrase podemos simplificar frases e períodos ou transformá-los estilisticamente; palavras complexas podem ser substituídas por expressões mais simples e familiares, também pode ocorrer o contrário, dependendo do objetivo do produtor (2001, p. 58). No entanto, as informações devem ser fiéis às ideias do texto original. Ao parafrasearmos um texto de determinado autor, deve haver uma citação clara do mesmo, caso contrário, pode ser considerado plágio.

A paráfrase não pode ser confundida com resumo, pois este é uma condensação fiel das ideias. Também não pode ser confundida com a paródia, pois nessa a organização textual é semelhante, porém as informações são diferentes.

Consideremos as seguintes orações:

(A) O cortador de legumes está estragado.
(B) O cortador de legumes está quebrado.

A oração (B) é paráfrase da oração (A) porque emprega palavras sinônimas: *estragado* e *quebrado*.

Há várias maneiras, portanto, de parafrasear uma frase. Vejamos este exemplo:

Frase inicial:

(C) O sucesso do futebol brasileiro deve-se ao empenho de nossos jogadores.

Paráfrases:

(D) O empenho de nossos jogadores garante o sucesso do futebol brasileiro.

(E) O sucesso do futebol brasileiro é fruto do empenho de nossos jogadores.

As orações (D) e (E) são paráfrases da oração (C) porque as construções sintáticas, embora diferentes, preservam o mesmo sentido.

Atividades

1) Escreva uma paráfrase dos seguintes enunciados:
   a) Pedro faleceu.
   b) Esta sala está envolta pela fumaça.
   c) Paulo não gosta de esportes radicais.
   d) Mandou-nos um e-mail cordial e delicado.
   e) O camelô vendeu-me um aparelho inútil.
   f) João é um aluno estudioso e engajado.

2) Reescreva os enunciados que seguem, substituindo as palavras em itálico pelas palavras entre parênteses, fazendo as alterações necessárias para preservar o sentido original.
   a) Tenho *certeza* de que ele *faltará* às aulas. (certo, falta)
   b) Sua fisionomia *aparentava* traços *tristes*. (aparência, tristeza)
   c) A vitória da Nigéria foi algo *surpreendente* para nós. (surpresos)
   d) A vitória da Nigéria foi algo *surpreendente* para nós. (surpreender)

e) A *vitória* da Nigéria foi algo *surpreendente* para nós. (vitoriosa, surpresa)

f) O professor *publicou* um livro que foi *lido* pelos alunos. (publicação, leitura)

g) O aluno que *estuda* geralmente é *aprovado*. (estudioso, aprovação)

3) Parafraseie as citações literais que seguem, supondo que você as utilize para a produção de um artigo:

a) "A escrita é muito necessária no mundo moderno, uma vez que as práticas sociais que estruturam as nossas organizações contemporâneas são mediadas por textos escritos. Dependemos da escrita para existir efetivamente e atuar no mundo" (GARCEZ, Lucília H. do Carmo. *Técnica de redação*. São Paulo: Martins Fontes, 2001. p. 10).

b) "Todos podem vir a ser bons redatores. Entretanto, escrever não é um ato espontâneo. Exige muito empenho, é um trabalho duro" (GARCEZ, Lucília H. do Carmo. *Técnica de redação*. São Paulo: Martins Fontes, 2001. p. 10).

c) "Aquele que repete, de fato não se expressa" (BERNARDO, Gustavo. *Redação inquieta*. 4. ed. São Paulo: Globo, 1991. p. 53).

d) "A qualidade da leitura depende do conhecimento que se tem do vocabulário. O domínio do sentido exato que a palavra assume no contexto possibilita maior compreensão do texto e maior eficácia da leitura" (MEDEIROS, João Bosco. *Redação científica*. São Paulo: Atlas, 1999. p. 23).

12
Resenha de obra ou artigo

A resenha é um gênero textual que apresenta a síntese das principais ideias contidas em um texto ou em uma obra, destacando o seu encadeamento lógico e a sua sequência expositiva. Segundo Motta-Roth, enquanto gênero, a resenha é usada no meio acadêmico para avaliar – elogiar ou criticar – o resultado da produção intelectual em uma área do saber. Ela é publicada em periódicos científicos, em seção diferente daquela em que os artigos aparecem, uma vez que seus objetivos são distintos (2001, p. 20-21) e permite ao leitor decidir sobre o seu interesse em ler o original. Os aspectos relevantes expostos na resenha são escolhidos de acordo com a sua finalidade. Esse gênero textual não deve ser confundido com o resumo, sendo este apenas um elemento da sua estrutura. De acordo com Platão e Fiorin (1995) uma resenha pode ser descritiva ou crítica.

A resenha *descritiva* expõe com precisão e fidelidade os elementos referenciais e essenciais de um texto, com a sua descrição minuciosa e sucinta, e não apresenta nenhum julgamento do resenhador.

A resenha *crítica*, por sua vez, além dos elementos constantes na descritiva, apresenta o julgamento ou a apreciação do resenhador, que manifesta a sua avaliação nos seus comentários, criticando ou elogiando. Conforme Motta-Roth, o resenhador descreve e avalia uma determinada obra a partir do conhecimento produzido anteriormente sobre o mesmo assunto. Seus comentários devem se conectar com a área do saber em que a obra foi produzida ou com outras disciplinas relevantes para o seu entendimento (2001, p. 21). Os julgamentos inteiramente pessoais, que só exprimem o sentimento do autor, tais como *eu gosto* ou *eu não gosto*, devem ser evitados, porque não são justificados pela razão.

Para articular as ideias que compõem a resenha, o resenhador vale-se dos componentes da argumentação (conectores, sequenciadores, preposições, locuções prepositivas etc.) que ligam os parágrafos entre si e conferem unidade ao texto, obtendo-se assim coesão e coerência.

Etapas de uma resenha

A resenha consta de:

1) Identificação da obra com os elementos essenciais de referenciação, segundo a ABNT (vide capítulo 15). Ao final da referência, deve ser indicado o número total de páginas. Exemplo: 242 p.).

2) Apresentação da obra, sintetizando o seu conteúdo.

3) Descrição sumária da estrutura da obra (divisão dos capítulos ou assuntos dos capítulos etc.).

4) Descrição do conteúdo da obra ou do artigo.

5) Análise crítica da obra, fundamentada num pressuposto teórico claro e pertinente. Pode-se, para isso, estabelecer confronto com algum outro autor ou teorias referentes ao mesmo tema.

6) Relação das implicações decorrentes do tema apresentado, seus resultados ou suas afirmações em relação a um contexto teórico ou prático (implicações de nível pedagógico, teórico, econômico, social etc.).

7) Identificação e contextualização do autor: informações sobre o autor, situando a obra dentro de sua produção global (formação, local de trabalho, outras obras publicadas etc.).

8) Assinatura e identificação do resenhador.

Observação: os itens 5 e 6 fazem parte apenas da resenha crítica e não da descritiva.

Sintetizando, a resenha crítica constitui-se de:

Uma das características da resenha acadêmica é a presença de outro enunciador, para inserir voz, declaração, opinião ou testemunho, além daquele que redige o texto. Para descrever ou apresentar o conteúdo resenhado, o autor da resenha utiliza citações, diretas ou indiretas, com o uso dos verbos de **dizer**, que são chamados *discendi*. Tanto no discurso direto, isto é, o que transcreve literalmente as palavras do outro, como no discurso indireto, em que a fala do outro está parafraseada pelo resenhador, esses verbos são utilizados com frequência. Enumeramos alguns verbos de dizer:

Aconselhar	Colocar	Determinar	Interrogar
Acrescentar	Concluir	Discutir	Investigar
Afirmar	Confirmar	Esclarecer	Mencionar
Analisar	Constatar	Examinar	Objetivar
Argumentar	Continuar	Exemplificar	Pressupor
Assegurar	Criticar	Explicar	Pretender
Assinalar	Demonstrar	Finalizar	Propor
Citar	Descrever	Informar	Prosseguir
Questionar	Referir	Resgatar	Sintetizar
Ratificar	Reiterar	Ressaltar	Sugerir
Recomendar	Repetir	Resumir	Sustentar
Reconhecer			

Algumas das preposições e expressões prepositivas que mais costumam ser utilizadas na produção de uma resenha são: de acordo com, na opinião de, segundo, conforme, para, em etc.

Observe a resenha que segue:

Resenha de obra

SOUZA, Nali de Jesus de. *Desenvolvimento econômico*. São Paulo: Atlas, 1993. 242 p.

01   Este é um livro útil e bem redigido que busca superar, na literatura brasileira, a ausência de um texto que cubra a diversidade de abordagens analíticas e as diferentes percepções sobre as teorias e estratégias do desenvolvimento econômico, habitualmente ministradas nos cursos de graduação em economia, em nosso país. O autor "objetiva chegar a uma síntese dos principais fatores do desenvolvimento econômico e sua generalização para o conjunto dos países subdesenvolvidos" (p. 11), e é bem-sucedido.

02   O livro é dividido em 12 capítulos, englobando conceitos de desenvolvimento e subdesenvolvimento, perspectiva histórica e visão panorâmica das contribuições dos principais economistas e escolas preocupados com o tema; aponta com detalhes as principais teorias existentes e preocupa-se com as estratégias de industrialização aplicadas ao Brasil e a alguns outros países. As funções da agricultura e do comércio internacional são vistas com atenção e o autor não deixa de enfocar as principais controvérsias envolvidas no processo de crescimento, distribuição de renda e estabilidade, isto é, desenvolvimento econômico.

03   Chama a atenção o cuidado com que o autor mostra as disputas envolvendo abordagens ortodoxas e heterodoxas – o que é salutar numa disciplina em que percepções ideológicas estão quase sempre presentes, mas são obscurecidas, frequentemente, na literatura dominante. Pena que ele não tenha incluído, na apreciação de cada linha de pensamento, os limites da abordagem – o que fica como sugestão para futuras edições da obra. Essa postura crítica, ao desacreditar o caráter pretensamente neutro, eterno e científico de determinado modelo, provocaria nos leitores a revisão e a retificação do conhecimento anterior.

04   A leitura do livro sugere, corretamente, que nenhum conjunto específico de instituições é unicamente adequado para acelerar o processo de desenvolvimento econômico. Teorias e estratégias, em certos momentos dominantes,

são influenciadas pelo relativo sucesso (ou insucesso) experimentado em determinado contexto histórico e institucional, que dificilmente poderia ser reproduzido. Isso também se aplica a fases dentro de uma mesma estratégia.

Como argumenta o autor, nas considerações finais, "o discurso atual sobre liberação da economia, desestatização, abertura comercial etc., representa a conclusão de longos debates efetuados na literatura sobre crescimento voltado para dentro ou aberto ao exterior" (p. 235). Ele sugere que a abertura comercial é fundamental para o desenvolvimento econômico, salientando, contudo, que "nenhuma economia na história do desenvolvimento capitalista foi completamente aberta ao exterior" (p. 236). Assim, ele conclui que as propostas da nova ortodoxia, "que compreende uma estratégia de desenvolvimento voltado para o exterior, através da liberalização das importações (redução das restrições quantitativa e de tarifas), taxa de câmbio real unificada e flutuante, a privatização e redução do Estado na economia, não deve, portanto, ser tomado ao pé da letra, mas considerado com determinado grau de aplicação" (p. 236). Essa é uma lição amadurecida pelo autor ao longo de seus estudos, pesquisas e acompanhamento dos problemas das teorias do desenvolvimento e da economia brasileira. Essa postura pragmática responde à necessidade de se confrontar a teoria com a realidade.

Cremos que esse livro é uma referência importante na literatura disponível em língua portuguesa. Estudantes de graduação e o público leitor, interessados nos problemas do desenvolvimento econômico, se voltarão para esse texto aliviados com a possibilidade de terem uma iniciação mais que satisfatória ao tema. Isso estimula um aprendizado que deve ser completado com a leitura das novas ideias que estão sendo incorporadas à teoria no final deste século. Esse volume oferece uma janela por onde passa uma corrente de vento que refresca nossa compreensão dos problemas do desenvolvimento econômico.

O autor, Nali de Jesus de Souza, é professor titular do Departamento de Economia e do Curso de Pós-Graduação em Economia da Universidade Federal do Rio Grande do Sul.

Joanílio Rodolpho Teixeira
Departamento de Economia da Universidade de Brasília
(TEIXEIRA, Joanílio Rodolpho. Desenvolvimento econômico. *Revista de economia política*, São Paulo, v. 14, n. 2, p. 151-152, abr./jun. 1994.) – Adaptação das autoras.

Comentário sobre a resenha Desenvolvimento econômico

O texto exemplificado é uma resenha crítica, pois o autor descreve e critica a obra *Desenvolvimento econômico*, tecendo considerações a respeito de seu conteúdo e de sua aplicabilidade para o público leitor. Já na primeira frase, há marcas de uma resenha crítica: *esse é um livro útil*, afirmação na qual o resenhador se posiciona elogiando a obra.

O primeiro parágrafo apresenta a síntese do livro. Há a presença de dois enunciadores: do autor (Nali de J. de Souza): *... objetiva chegar a uma síntese ...* e do resenhador (Joanílio R. Teixeira): *Este é um livro útil...* Já o segundo parágrafo indica a estrutura do livro, apontando os temas centrais, dividido em doze capítulos. No terceiro, Teixeira mostra as qualidades e limitações da obra, a partir de uma avaliação crítica, sugerindo modificações para futuras edições. O quarto e o quinto parágrafos, por sua vez, expõem as ideias principais. No quinto, o resenhador apresenta a conclusão das ideias do autor. Observa-se, nesse parágrafo, que há um número demasiado de citações literais, o que desqualifica de certa forma a resenha. O emprego da paráfrase teria sido mais adequado.

O sexto parágrafo apresenta a opinião crítica do resenhador a respeito do livro, e mostra a implicação do tema para o ensino: *Cremos que esse livro é uma referência importante na literatura disponível em língua portuguesa. [...] Estudantes de graduação e público leitor, interessados nos problemas do desenvolvimento econômico, se voltarão para esse texto aliviados com a possibilidade de terem uma iniciação mais que satisfatória ao tema.* O sétimo parágrafo faz a identificação do autor do livro, Nali de Jesus de Souza, e, no final da resenha, encontram-se a assinatura e a identificação do resenhador.

Atividades

1) Com base na resenha estudada, resolva as questões que seguem:

   a) Identifique as marcas do texto que remetem à obra *Desenvolvimento econômico*.

   b) Explique as razões que levaram o autor da resenha a associar diferentes vozes para a produção do texto.

c) Identifique o objetivo da obra *Desenvolvimento econômico*.
d) Para quem é direcionado o livro, segundo Joanílio Rodolpho Teixeira?
e) Identifique os verbos que trazem o autor Nali de Souza ao texto.
f) Localize nos parágrafos o emprego das *aspas* e justifique o seu uso.
g) Em que parágrafos evidencia-se uma maior argumentatividade do resenhador a respeito da obra?
h) Defina as expressões: 1) *abordagem ortodoxa*; 2) *abordagem heterodoxa* (3º parágrafo).
i) Esquematize os passos do autor na produção da resenha.

2) Leia duas resenhas e identifique as estratégias retóricas usadas pelos resenhadores, apontando as partes que as estruturam.

3) Elabore uma resenha crítica da entrevista *Vai sobrar trabalho no Brasil*, para ser publicada em uma revista acadêmica da sua área de conhecimento.

Vai sobrar trabalho no Brasil

No momento em que a ameaça de desemprego se transforma numa das principais preocupações dos brasileiros, afirmar que vai sobrar trabalho no país parece coisa de louco. Mas é exatamente esta a previsão do professor na área de recursos humanos da Fundação Getúlio Vargas (FGV) e da Fundação Dom Cabral, Luis Carlos Cabrera. Ele adianta que não se trata de crescimento no número de empregos com carteira assinada, mas de trabalho. "Dois terços da população economicamente ativa manterão, no futuro, outras formas de relação com as empresas, como a de prestação de serviços", afirmou em entrevista ao Diário Catarinense.

Além de professor, Cabrera é sócio-diretor da PMC Amrop International, uma empresa que só presta um tipo de serviço: *head hunter* – caçar no mercado diretores e presidentes para grandes empresas.

Diário Catarinense – Qual o perfil do executivo que as grandes empresas estão buscando no mercado?

Luis Carlos Cabrera – Hoje, a coisa mais importante que está acontecendo no mercado de trabalho é a mudança da moeda. Durante muitos anos, a moeda foi a experiência fundamental. Um executivo se julgava muito bom quando dizia ter 10 como gerente de vendas de uma empresa. Esse conceito desaparece, na medida em que todos os desenhos de organização mudam. A organização deixa de ser linear e baseada em cargos e passa a ser orientada por processos e baseada em pessoas. Então, qual a nova moeda? A nova moeda é a competência. O mercado está procurando um conjunto de competências, de acordo com a necessidade de cada empresa.

DC – Mas que tipo de competência está sendo demandada?

Cabrera – São três os conjuntos de competências. O primeiro conjunto são as competências para lidar com pessoas. E aí vem a empatia, a capacidade de ouvir, de orientar pessoas, de colocá-las num objetivo comum, de despertar a motivação que existe em cada uma delas. Nesse conjunto, outra competência primordial é administrar conflitos e pessoas culturalmente diferenciadas e, também, ser pluralista, ou seja, aceitar e discutir outras opiniões. Isso é novo? É novíssimo porque a gente vem de modelos muito autoritários, nos quais aqui eu mando e obedece quem tem juízo.

DC – Para algumas empresas deve ser muito difícil mudar essa cultura...

Cabrera – Elas não têm alternativas. Não existe mais uma forma de você consolidar o conhecimento, como existia no passado, em poucas pessoas. Eu preciso do conhecimento de todos para poder gerenciar uma empresa. No passado, a inteligência ficava residente só no andar da diretoria. Hoje, a inteligência e a competência têm que estar disseminadas pela empresa inteira.

DC – Quais são os outros dois conjuntos de competências exigidos pelas empresas?

Cabrera – O segundo conjunto são as competências para lidar com informações, ou seja, saber ouvir e reproduzir. Saber sintetizar, apresentar as ideias de forma clara, pegar a informação, tratá-la e transformá-la em comunicação. Depois pegar a comunicação, tratá-la e transformá-la em conhecimento. Esse é um conjunto crítico porque hoje a informação voa, passa numa velocidade tremenda. O terceiro conjunto é competência para lidar com tecnologia, que vai desde um *hardware* novo até *software* novo.

DC – Quais são as tendências do mercado de trabalho? O nível de emprego deve continuar em queda?

Cabrera – Vai piorar. Os empregos vão diminuir acintosamente. Mas vai sobrar trabalho, coisas a serem feitas. No futuro, só um terço da população economicamente ativa (Pea) vai ter uma relação de emprego com as empresas. O restante vai ter com as empresas outras formas de relação, como a prestação de serviços, como interinos, como temporários.

DC – Isso não cria um clima de insegurança e de ansiedade entre os trabalhadores?

Cabrera – Claro que cria, porque é uma mudança radical. Todo mundo tem, desde o início do século, a ideia do emprego e do cheque no fim do mês. A diminuição do número de emprego no mundo, porém, é uma tendência irreversível. Cada vez mais as empresas vão produzir mais com menos gente. Agora, cada vez mais você tem na comunidade a exigência de novos serviços a serem prestados, novos trabalhos a serem feitos. Então, temos que separar muito bem o conceito de emprego e o conceito de trabalho.

DC – Na sua opinião, então, quem perder o emprego não ficará à margem do processo produtivo?

Cabrera – Ele não vai deixar de trabalhar. Ele vai ficar fora do mercado de emprego, mas vai trabalhar sob outras formas de relacionamento.

DC – Essa é uma boa notícia...

Cabrera – Vai sobrar trabalho. Hoje em dia, para derrubar qualquer estatística mentirosa, basta você ver o exemplo dos Estados Unidos. É o país de maior geração de tecnologias e está tendo crescimento do produto e decréscimo da taxa de desocupados. Lá eles medem o desemprego por falta de trabalho e não por carteira assinada. Então, nós vamos ter trabalho para todo mundo, só que vai ser um trabalho organizado sob uma outra forma.

DC – Na sua avaliação, em que áreas estão concentradas as maiores oportunidades de trabalho?

Cabrera – O primeiro segmento onde vai ocorrer um grande crescimento de trabalho não é emprego, é o de lazer e turismo. O segundo é o de comunicações, que deve passar por uma revolução de trabalho. A terceira grande indústria será a de serviços para terceira idade. Esses três segmentos é que vão registrar picos de demanda por trabalho.

DC – Haverá alguma região do país que poderá apresentar uma demanda maior por trabalho?

Cabrera – Deve haver uma forte descentralização. As oportunidades vão vir de lugares com melhor infraestrutura. Acho, por isso, que elas vão acontecer mais facilmente no Sul do país, no Centro-Oeste e, depois, no Nordeste. O trabalho vai migrar para cidades de menor porte porque tem três vetores que empurram as pessoas para fora das cidades grandes: falta de oportunidade, aumento do custo dos imóveis e aumento do custo de vida.

DC – O senhor conhece bem o Estado de Santa Catarina. Como ele estará preparado para enfrentar as mudanças nas relações de trabalho?

Cabrera – Eu sou um pouco parcial porque sou apaixonado por Santa Catarina. Eu acho que o Estado tem uma força de trabalho fantástica, uma energia empreendedora muito grande. Se há locais onde o pessoal sacou que já não adianta procurar emprego, mas trabalho, são cidades industriais catarinenses que passaram por uma crise de emprego, como Joinville e Blumenau. A maior quantidade de microempresas por habitante está em Santa Catarina.

DC – Qual o conselho que o senhor daria para quem procura uma colocação no mercado de trabalho?

Cabrera – Ele primeiro tem que fazer uma autoanálise, para ver no que é bom. Ser competente significa ser bom em alguma coisa. Depois é preciso olhar na comunidade quais os serviços que estão faltando e ele, com sua competência, pode prestar. Nesse momento, vai-se notar que tem um monte de trabalho que as pessoas precisam, mas não está organizado (CABRERA, Luis Carlos. Vai sobrar trabalho no Brasil. *Diário Catarinense*, Florianópolis, p. 3, 10 maio 1998).

4) **Proposta de produção textual:** elabore uma resenha crítica de um livro sugerido pelo professor.

13
Resenha temática

A resenha temática consiste em um gênero textual que sintetiza mais de um texto ou obra, em torno de um só assunto, estabelecendo relações entre suas ideias. É solicitada com frequência no ensino superior nas diversas áreas do conhecimento, pois possibilita o aprofundamento de um tema, a partir da concatenação de textos distintos, assim como de diferentes teóricos.

Como a resenha de obra ou artigo, a resenha temática pode ser descritiva ou crítica. Quando for descritiva, apresentará os aspectos referenciais e principais dos textos, sem um posicionamento crítico em relação ao tema. No caso de ser crítica, a resenha também apresentará a avaliação do resenhador, baseada em um referencial teórico pertinente ao assunto. Segundo Silva et al. (1975), na resenha de obra, não se pode admitir digressões pessoais que sirvam apenas para afirmar as próprias concepções sobre o assunto e que pouco tragam de esclarecedor sobre o conteúdo tratado. Assim, também, na resenha temática deve-se evitar tais julgamentos, uma vez que não se justificam pelo critério da cientificidade. Ou seja, os gostos pessoais não sustentam a avaliação crítica sobre determinado tema.

Etapas de uma resenha temática

A resenha temática apresenta:
1) Título da resenha.
2) Contextualização do tema.

3) Exposição das ideias centrais dos textos resenhados.
4) Avaliação crítica decorrente do tema apresentado, dos seus resultados ou de suas afirmações, em relação a um contexto teórico ou prático (implicações de nível pedagógico, teórico, econômico, social etc.).
5) Assinatura e identificação do resenhador.
6) Referências dos textos resenhados.

Nesse gênero, o título é atribuído pelo resenhador, de acordo com o tema. Por exemplo, em uma resenha de textos que abordem o amor, pode-se escolher o que se julgar mais significativo, ao contrário da resenha de obra ou de artigo, que recebe como título a referência do texto resenhado, conforme a ABNT.

Na escrita de uma resenha temática, torna-se necessário situar o leitor a respeito do tema a ser abordado, contextualizando o assunto em um parágrafo introdutório. Em seguida, expõem-se as ideias centrais de cada um dos textos resenhados. Se a resenha for crítica, haverá a apreciação do resenhador. No final, indicam-se a assinatura e a identificação do autor da resenha e as referências dos textos.

Leia os textos que seguem, *A favor da esmola* e *Contra a esmola*, e observe um exemplo de resenha temática produzida a partir deles:

Texto A – A favor da esmola

Nunca consigo deixar de dar esmola. Quando vejo uma pessoa na miséria absoluta, meto a mão no bolso e dou uma ajuda. Naquele momento em que recebe uma ajuda, a pessoa excluída de um processo social injusto pode comer alguma coisa. Em tese, pode ser correta esta ideia de que "dar esmolas não é bom nem para quem dá nem para quem recebe". Mas, na prática, a realidade é outra. Quem pede esmola está ou deve estar com fome. Vivo em contradição, e acho que é a mesma que, no fundo, todo mundo vive. O ideal seria um mundo sem esmola em que todos tivessem emprego, ganhassem o seu salário, tivessem a sua dignidade, sua cidadania resguardada. Mas, infelizmente, nós vivemos em um país onde 20% da população vive na indigência.

Com tanta miséria, o que eu vou fazer no momento em que um menino, com fome, descalço, visivelmente fraco, me pede uma esmola? Vou dizer para ele: Não, vá trabalhar! Não posso dizer isso. Estas campanhas como "não dê esmolas" só terão validade se antes for criada uma alternativa verdadeira. Se não, tornam-se perversas. Na situação atual, negar uma esmola a um excluído é um ato de insensibilidade. Não é difícil acabar com a miséria no Brasil. Mas não basta apenas o discurso. A comparação entre o que se faz na área social com o que se faz para salvar bancos é válida, porque, para algumas coisas no Brasil, somos rápidos e eficientes, mas, para outras, somos lentos e ineficientes, como no trato da questão social.

A miséria é uma vergonha para todos nós e, às vezes, chegamos a nos sentir cúmplices. Em alguma medida podemos ter responsabilidade, uns muito mais do que a maioria. A esmola não é alienante, a não ser quando é a única ação contra a miséria. Eu posso, ao ver uma pessoa cair na rua, dizer, comodamente: um médico é que deve atender você. Acho que contemplar ou passar por cima é a pior coisa que uma pessoa pode fazer (SOUZA, Herbert de. Deve-se dar esmolas? *IstoÉ*, São Paulo, 19 jun. 1996. Disponível em: <http://www.zaz.com.br/istoe/polemica/139404.htm>. Acesso em: 28 fev. 2002).

Texto B – Contra a esmola

Esmola é o que se dá por caridade a alguém que necessita. Deve ser evitada e utilizada em último caso, quando todas as outras alternativas falharam. A todo o ser humano, qualquer que seja a situação em que esteja vivendo, é preciso garantir dignidade. Desde o direito à privacidade, ao livre-arbítrio, à educação, até o direito ao trabalho através do qual se entende que a própria pessoa possa administrar sua vida e obter o que necessita para viver.

Quando uma família se desestrutura, quando enfrenta alguma tragédia, doença prolongada de seu chefe, ou alguma impossibilidade para o trabalho, deve-se entender que esta situação não é definitiva e tem que ser encarada como passageira. Neste momento, quando se recorre à esmola, leva-se junto com ela também a humilhação, o rebaixamento, a condição de favor. Ou seja, junto com o ato de caridade está implícito o ato de vontade: dou porque quero, não tenho obrigação. Com a esmola, o direito acaba e o necessitado perde a condição de ser humano sujeito de direitos e passa à condição de objeto que vai receber alguma coisa dependendo da vontade de quem dá ou de quem a administra.

Por não se tratar de direitos, a administração da esmola também não tem critérios objetivos, ou seja, dá-se sempre a quem vê, a quem está mais perto e nem sempre a quem mais necessita. Uma sociedade que conta com políticas públicas para crianças, idosos, doentes e desempregados não precisa lançar mão de esmolas. A manutenção de políticas sociais estáveis, além de garantir direitos, tem também de garantir a universalidade do atendimento, ou seja, o serviço ou o benefício tem que atingir a todos que dele necessitam. A esmola só serve para deixar em paz a consciência de quem a dá. Ainda assim, a paz é falsa (ANTÔNIO, Alda Marco. Deve-se dar esmolas? *IstoÉ*, São Paulo, 19 jun. 1996. Disponível em: <http://www.zaz.com.br/istoe/polemica/139404.htm>. Acesso em: 28 fev. 2002).

Exemplo de resenha temática:

A problemática da esmola

O ato de dar ou não esmolas vem sendo objeto de inúmeras discussões ao longo dos anos, tendo em vista se tratar de um assunto extremamente delicado e polêmico.

Souza (1996) defende a ideia de que quem pede esmola está passando por necessidades, e, se em nosso país todos tivessem emprego e dignidade, ela não existiria. O autor afirma que para combater a esmola é necessário uma alternativa verdadeira, com ações rápidas e eficientes no âmbito social. Souza acrescenta que a miséria, além de ser uma vergonha para todos nós, também é de nossa responsabilidade. E conclui dizendo que a esmola só passa a ser alienante se for a única ação contra a miséria.

Já Alda Antônio (1996) posiciona-se contrariamente ao ato de dar esmolas, dizendo que só devemos fazê-lo em último caso, quando todas as alternativas falharem. Faz uma reflexão acerca do direito à dignidade que todo o ser humano possui e que pressupõe, entre outros, o direito ao trabalho, através do qual toda pessoa possa obter o que necessita para viver. Para ela, todo aquele que recorre à esmola perde a condição de ser humano, sujeito de direitos, e passa à condição de objeto que vai receber alguma coisa dependendo da vontade de alguém. A autora prossegue argumentando que, numa sociedade que conta com políticas públicas para crianças, idosos, doentes e desempregados, não se faz necessário lançar mão de esmolas. Porém, salienta que é preciso garantir que esses benefícios atingirão a todos que deles necessitem. Alda Antônio finaliza afirmando que a esmola só serve para deixar em paz a consciência de quem a dá e, mesmo assim, essa paz é falsa.

Acreditamos que essa é uma discussão muito valiosa e que deveria ser feita por nós cidadãos, uma vez que todos estão direta ou indiretamente envolvidos nela. É muito importante que cada um encontre a sua maneira de contribuir e se posicionar diante dessa questão, avaliando as consequências de suas atitudes.

A.S.B.
Aluna do Curso de Letras da Universidade de Caxias do Sul – CARVI

Referências
ANTÔNIO, Alda Marco. Deve-se dar esmolas? *IstoÉ*, São Paulo, 19 jun. 1996. Disponível em: <http://www.zaz.com.br/istoe/polemica/139404.htm>. Acesso em: 28 fev. 2002.
SOUZA, Herbert de. Deve-se dar esmolas? *IstoÉ*, São Paulo, 19 jun. 1996. Disponível em: <http://www.zaz.com.br/istoe/polemica/139404.htm>. Acesso em: 28 fev. 2002.

Atividades

Proposta de produção textual: a partir dos fragmentos de texto que seguem, elabore uma resenha temático-crítica, a fim de ser apresentada em sala de aula para os seus colegas, observando as partes que a estruturam.

Texto 01 – No cômputo geral das execuções no mundo, os americanos só ficam atrás de quatro países reconhecidamente avessos às práticas democráticas: China, Irã, Arábia Saudita e Congo.

Diante dessas circunstâncias, não é de estranhar que uma sondagem recente tenha mostrado uma mudança da opinião americana: o apoio à pena de morte tornou-se inversamente proporcional ao aumento de execuções. De fato, esse apoio começou a cair em 1995, ano em que se aceleraram as mortes por enforcamento, eletrocussão, injeção de veneno, fuzilamento e asfixia por gás nas prisões americanas. Todos esses fatores devem ser meditados por aqueles que invocam o exemplo dos

Estados Unidos para introduzir a pena de morte em nossas plagas (ALENCASTRO, Luiz Felipe de. Punir e matar. *Veja*, São Paulo, ano 33, n. 26, ed. 1655, 23 jun. 2000. Ponto de vista, p. 22).

Texto 02 – Tendes ouvido o que foi dito: *olho por olho, dente por dente*. Eu, porém, vos digo: não resistais ao mau. Se alguém te ferir a face direita, oferece-lhe também a outra (MATEUS. Sermão da Montanha. In: *Bíblia Sagrada*. 47. ed. São Paulo: Ave Maria, 1985. cap. 5, vers. 38-39, p. 1289).

Texto 03 – A morte não assusta quem vive dela. Estamos enganando a nós mesmos quando defendemos a pena de morte como instrumento de inibição da violência. Paulo Francis tinha toda a razão: pena de morte é vingança. É fácil alguém pagar seus pecados na mesma moeda. Funciona como catarse social, mas não soluciona o problema, se é que existe solução. É claro que educação, alimentação e família ajudam muito. Também ajudaria o sistema carcerário que não tratasse seus detentos como animais enjaulados, e sim que utilizasse sua mão de obra para trabalhos que custeassem sua pena. Ajudaria uma melhor distribuição de renda e um combate mais firme ao tráfico de drogas. Ajudaria mais policiamento nas ruas. Já a pena de morte só ajudaria a praticar nossa própria crueldade. Matar dentro da lei seria uma senhora revanche (MEDEIROS, Martha. Quem tem medo da pena de morte? *Zero Hora*, Porto Alegre, 04 maio 1997. Donna, p. 03).

14
Citação

A citação é a menção no texto de uma informação oriunda de outra fonte consultada para dar apoio ou ilustrar o assunto apresentado (UFPR, 2001, p. 29). Serve para reforçar as ideias expostas em um texto e constitui um tipo de argumento denominado *argumento de autoridade*. Por se configurar como elemento discursivo importante para a argumentação, a citação deve ser realizada a partir de uma fonte confiável. Por exemplo, quando se citar uma informação extraída da internet, deve-se verificar se há indicação de autoria reconhecida enquanto autoridade no assunto, bem como se as informações são consistentes. Isso se aplica a outros tipos de publicações, como livros, artigos, folhetos, dentre outros.

Para garantir a consistência, a citação deve ser clara e exata, no sentido de reproduzir com fidedignidade as ideias do autor mencionado. Segundo Köche, as citações podem ser diretas, quando reproduzem literalmente o texto original, ou indiretas, em que se usa a paráfrase, ou seja, a citação livre do texto, sem reprodução (2002, p. 153). A partir desses dois tipos, vejamos as seguintes formas de citação.

14.1 Citação direta

A citação direta é a transcrição literal de um texto ou de parte dele.

Exemplo de citação direta:

Segundo Garcez, "todo ato de escrita pertence a uma prática social. Não se escreve por escrever. A escrita tem um sentido e uma função" (2001, p. 08).

14.1.1 Citação direta com até três linhas

A citação direta com até três linhas é transcrita entre aspas no contexto do texto, com o mesmo tipo e tamanho de letra utilizados no parágrafo no qual está inserida.

Exemplo de citação com até três linhas:

O ato de escrever não pode estar desvinculado do que o indivíduo pensa, crê, defende e deseja expor ao outro. Para Garcez, "a produção de textos é uma forma de reorganização do pensamento e do universo interior da pessoa" (2001, p. 09).

14.1.2 Citação direta com mais de três linhas

A citação com mais de três linhas é transcrita em parágrafo distinto, sem aspas e com entrelinhamento e letra menores e a 4cm da margem esquerda.

Exemplo de citação com mais de três linhas:
Em relação à intertextualidade, Garcez afirma:

> Um texto traz em si marcas de outros textos, explícitas ou implícitas. A esse fenômeno chamamos intertextualidade. Essa ligação entre textos pode ir de uma simples citação explícita a uma leve alusão, ou até mesmo a uma paródia completa, em que a estrutura do texto inicial é utilizada como base para o novo texto (2001, p. 41).

14.1.3 Citação direta em rodapé

A citação direta incluída em nota de rodapé, independente de sua extensão, é usada sempre entre aspas.

Exemplo de citação em nota de rodapé:

[1] Segundo Geraldi, "um texto é uma sequência verbal escrita, formando um todo acabado, definitivo e publicado" (1997, p. 101).

14.2 Citação indireta

A citação indireta é o texto redigido com base nas ideias de outro(s) autor(es), podendo aparecer sob a forma de paráfrase ou de condensação, e sempre com a indicação da fonte. A paráfrase é a expressão da ideia de outro, com as palavras do autor do trabalho; a condensação é a síntese de um texto, conservando as ideias do autor citado.

Exemplo de citação indireta:

Costa Val afirma que trabalhar na área de redação é tarefa do professor de português, que busca o desenvolvimento comunicativo do aluno (1993, p. 128).

14.2.1 Citação indireta em rodapé

A citação indireta em rodapé é usada para esclarecer alguma informação pertinente ao texto ou apresentar definições tendo como base as ideias de outro autor.

Exemplo de citação indireta em nota de rodapé:

[2] Para Pécora, o discurso consiste na produção do texto com a marca pessoal e intransferível do autor, não caricaturada por clichês prontos, preservando a capacidade de resguardar a individualidade de seu sujeito e renová-la, desdobrá-la, na leitura de seus possíveis interlocutores (1992, p. 15).

14.3 Citação de informação extraída da internet

É imprescindível analisar a fidedignidade das informações obtidas na internet. É necessário também avaliar a sua pertinência, dada a sua temporalidade. No caso de mencioná-las, deve-se indicar os dados, possibilitando sua identificação, e incluí-las na lista de referências.

Exemplo de citação extraída da internet com autoria:

Segundo Abreu (2002), "o leitor – entendido no sentido amplo – não é um sujeito desarraigado de seu universo cultural e de sua condição de classe".

Exemplo de citação extraída da internet sem autoria:

> Segundo a *Folha de S. Paulo*, "uma estranha e até então desconhecida região com cerca de 580km de diâmetro foi encontrada no centro da Terra. Detectada por um professor e um estudante de graduação da Universidade de Harvard, a região 'pode ser o mais antigo fóssil deixado pela formação da Terra'" (NOVA..., 2002).

14.4 Citação de citação

A citação de citação é a referência a uma parte de um texto do qual se tomou conhecimento por citação de outro autor. Não é muito usada, pois deve-se dar prioridade às citações dos textos originais. Quando se faz esse tipo de citação, usa-se a expressão apud.

Exemplo de citação de citação:

> Segundo Bazerman (2006, p. 98 apud KOCH; ELIAS, 2010, p. 120), "[...] cada vez que fazemos uso de textos alheios em um novo contexto, há uma *recontextualização* e, portanto, a produção de um novo sentido".

Atividades

1) Enumere as citações nas lacunas, observando os itens que seguem:
   1) presença de aspas;
   2) presença de data;
   3) presença de página;

4) presença apenas do sobrenome do autor;
5) referência a outro autor;
6) presença do nome e sobrenome do autor.

a) Para Paulo Coimbra Guedes, a concretude no texto dissertativo se realiza através de exemplos, ilustrações, analogias, comparações e imagens que o texto usa para construir seus conceitos, suas definições, encaminhando seu raciocínio e sua argumentação (2002, p. 312). (_____)

b) Segundo Guedes, "qualidades discursivas são um conjunto de características que determinam a relação que o texto vai estabelecer com seus leitores por meio do diálogo que trava não só diretamente com eles, mas também com os demais textos que o antecederam na história dessa relação" (2002, p. 91). (_____)

c) Para que um texto tenha unidade temática, segundo Guedes, é preciso escolher apenas uma questão para apresentar, pois tratar de tudo um pouco equivale a tratar de tudo muito pouco (2002, p. 92). (_____)

d) Para Köche (2002), o conhecimento do senso comum e o científico são as duas formas que mais interferem nas decisões da vida diária do homem. (_____)

e) "Todo o texto dissertativo que quer discutir uma questão – e todos devem querer – precisa argumentar, isto é, apresentar provas a favor da posição e provas para mostrar que a posição contrária está equivocada" (GUEDES, 2001, p. 307). (_____)

f) "O resumo é definido como um tipo de texto que apresenta uma versão até certo ponto pessoal da *macroestrutura* do texto fonte", afirma van Dijk (1977, p. 157 apud FONTANA, 1995, p. 86). (_____)

2) Sublinhe a citação indireta encontrada no texto:

Na orelhinha

Se você quiser declarar seu amor à(o) namorada(o), sussurre as palavras doces no ouvido esquerdo. Teow-Chong, da Universidade Estadual Sam Houston, Estados Unidos, mostrou que 64% das palavras sentimentais são assimiladas quando ditas na orelha esquerda, contra 58% na direita. A descoberta é consistente com a tese de que o lado direito do cérebro, que rege o ouvido esquerdo, tem maior participação no processamento das emoções. Agora, se você quiser que seu amor esqueça logo suas promessas, prefira o ouvido direito (NEVES, Amilton. Na orelhinha. *Superinteressante*, São Paulo, ed. 167, p. 18, ago. 2001).

3) Faça uma citação indireta, parafraseando cada um dos textos que seguem:

a) "O resumo, a partir do esquema, reagrupa as ideias, rearticulando-as em novas orações e períodos, independentes do texto original, numa redação própria da pessoa que resume", conforme Garcez (2001, p. 56).

b) Segundo Garcia, "aprender a escrever é, em grande parte, se não principalmente, aprender a pensar, aprender a encontrar ideias e a concatená-las, pois, assim como não é possível dar o que não se tem, não se pode *transmitir* o que a mente não criou ou não aprovisionou" (1995, p. 291).

15
Referências

As referências, conforme a NBR 6023, são o "conjunto padronizado de elementos descritivos, retirados de um documento, que permite a sua identificação individual" (ASSOCIAÇÃO BRASILEIRA DE NORMAS TÉCNICAS, 2002, p. 2). Conforme a natureza desses documentos, há modos específicos de se fazer a referência. Destacamos a seguir as referências mais empregadas no meio acadêmico.

15.1 Obras monográficas no todo (livros, folhetos, trabalhos acadêmicos, manuais, guias, catálogos, enciclopédias, dicionários etc.)

Formato padrão: AUTOR(es). *Título*: subtítulo (se houver). Número da edição (o número da edição deve ser suprimido sempre que se tratar da primeira edição). Local da publicação: editora, ano de publicação.

Observação: as referências devem ser colocadas em ordem alfabética, com alinhamento à esquerda, espaço entrelinhas simples e separadas uma da outra por uma linha em branco.

a) Obra monográfica com um só autor (pessoa física)
GARCEZ, Lucília H. do C. *Técnica de redação*: o que é preciso saber para bem escrever. São Paulo: Martins Fontes, 2001.

b) Obra monográfica com até três autores
Regra: os autores devem ser citados na ordem em que aparecem na obra e seus nomes separados um do outro por ponto e vírgula.
FARACO, Carlos A.; TEZZA, Cristovão. *Oficina de texto*. Petrópolis, RJ: Vozes, 2003.

c) Obra monográfica com mais de três autores
Regra: cita-se apenas o primeiro autor e acrescenta-se a expressão "et al." (sem aspas), que significa "e outros".
ZINANI, Cecil J. A. et al. *Transformando o ensino de língua e literatura*: análise da realidade e propostas metodológicas. Caxias do Sul: EDUCS, 2002.

d) Obra monográfica com autor-identidade (instituição, organização, empresa, comitê, comissão, evento etc.)
Regra: o nome da entidade figura todo em letras maiúsculas.
ASSOCIAÇÃO BRASILEIRA DE NORMAS TÉCNICAS. *NBR 6023*: informação e documentação – referências – elaboração. Rio de Janeiro: ABNT, 2002.

e) Obra monográfica sem autoria/com autoria desconhecida
Regra: inicia-se a referência com o título da obra. A primeira palavra, desconsiderando-se os artigos e monossílabos, deve

aparecer em letras maiúsculas, e o restante em letras minúsculas, sem nenhum outro destaque.

GUINESS World Records 2010. São Paulo: Ediouro, 2009.

f) Obra monográfica organizada

Regra: acrescenta-se, depois do nome do(s) autor(es), "(Org.)" (sem aspas).

MORICONI, Ítalo (Org.). *Os cem melhores contos brasileiros do século.* Rio de Janeiro: Objetiva, 2000.

g) Obra monográfica com várias edições

Regra: registra-se, depois do título, o número da edição que foi utilizada, da seguinte forma "14. ed." (sem aspas), em que "14" indica o número da edição consultada.

KOCH, Ingedore V.; ELIAS, Vanda M. *Ler e escrever:* estratégias de produção textual. 2. ed. São Paulo: Contexto, 2010.

h) Obra monográfica traduzida

ECO, Umberto. *Como se faz uma tese.* Trad. Gilson C. C. de Souza. São Paulo: Perspectiva, 1983.

i) Trabalho acadêmico (tese, dissertação, monografia, trabalho de conclusão)

TRAVAGLIA, Luiz C. *Um estudo textual-discursivo do verbo no português do Brasil.* 1991. 330 f. Tese (Doutorado em Linguística) – Instituto de Estudos da Linguagem, Universidade Estadual de Campinas, 1991.

15.2 Partes de obras monográficas (capítulos)

Formato padrão: AUTOR(es) do capítulo. Título do capítulo. In: AUTOR(es) da obra. *Título da obra:* subtítulo da obra (se houver). Número da edição (se não for a primeira). Local de publicação: editora, ano de publicação. Página inicial e final do capítulo.

a) Parte de obra monográfica com autor diferente que o do livro

RAMOS, Graciliano. Baleia. In: MORICONI, Ítalo (Org.). *Os cem melhores contos brasileiros do século*. Rio de Janeiro: Objetiva, 2001. p. 95-99.

b) Parte de obra monográfica com o mesmo autor que o livro

Regra: quando o autor do capítulo for também autor da obra, no lugar de se colocar o nome deste último, coloca-se um traço de mais ou menos 1cm ou 5 caracteres.

KÖCHE, José C. O conhecimento científico. In: _____. *Fundamentos de metodologia científica*: teoria da ciência e iniciação à pesquisa. 25. ed. Petrópolis, RJ: Vozes, 2008. p. 23-39.

c) Verbete de dicionário/enciclopédia com autor

MOISÉS, Massaud. Poema. In: _____. *Dicionário de termos literários*. 12. ed. São Paulo: Cultrix, 2004. p. 354.

d) Verbete de dicionário/enciclopédia sem autoria

HIPNOSE. In: DICIONÁRIO enciclopédico de Psicologia. Lisboa: Texto & Grafia, 2008.

15.3 Artigo e/ou matéria em publicação periódica (revista, jornal, caderno, periódico científico etc.)

Formato: AUTOR(es) do artigo/matéria. Título do artigo/matéria. *Título do periódico*, local de publicação, numeração (volume, ano, número – o que houver), página inicial e final do artigo/matéria, data (dia, mês e ano – o que houver).

Atenção: se o artigo/matéria estiver em uma seção, caderno ou parte específica do periódico, acrescenta-se o nome da seção/caderno/parte no final da referência, precedido dos outros dados por ponto. Nesse caso, a indicação de página vem depois do nome da seção/caderno/parte.

Observação: as abreviaturas dos meses, em português, são jan., fev., mar., abr., maio, jun., jul., ago., set., out., nov. e dez.

a) Artigo publicado em periódico científico

TEIXEIRA, João de F. Inteligência artificial e caça aos androides. *Cadernos de história e filosofia da ciência*, Campinas, série 3, v. 4, n. 1, p. 1-138, jan./jun. 1994.

b) Matéria com autoria em periódico

OSSE, José S. Aviões verdes. *Superinteressante*, São Paulo, ed. 239, p. 38, maio 2007.

c) Matéria sem autoria em periódico

TERREMOTO no PIB. *Veja*, São Paulo, ano 44, n. 21, ed. 2218, p. 78, 25 maio 2011.

d) Matéria em periódico sem seção/caderno/parte

DA ROLT, Clóvis. Os donos do olhar. *Jornal Gazeta*, Bento Gonçalves, ed. 2374, p. 2, 3 nov. 2009.

e) Matéria em periódico com seção/caderno/parte

FALTA aprender o que é sustentabilidade. *Zero Hora*, Porto Alegre, ano 47, n. 16544, 20 dez. 2010. Nosso mundo sustentável, p. 5.

Observação: você deve ter percebido, pela referência, que essa matéria não tem autoria (vide letra (e) do item 15.1).

15.4 Documentos jurídicos (leis, emendas, decretos, portarias, resoluções, instruções normativas, circulares etc.)

Formato: NOME DO LOCAL (país, estado ou cidade). Título (especificação da legislação, número e data). Ementa. *Indicação da publicação oficial*, local de publicação, numeração (volume, ano, número – o que houver), página inicial e final da legislação, ano de publicação. Outros dados de identificação necessários (seção, parte etc. – se houver).

Exemplos:

BRASIL. Lei n. 9.394, de 20 de dezembro de 1996. Estabelece as diretrizes e bases da educação nacional. *Diário Oficial [da República Federativa do Brasil]*, Brasília, ano 134, n. 248, p. 27833-27841, 23 dez. 1996. Seção 1.

BRASIL. Decreto n. 6.583, de 29 de setembro de 2008. Promulga o Acordo Ortográfico da Língua Portuguesa, assinado em Lisboa, em 16 de dezembro de 1990. *Vade Mecum Saraiva*, São Paulo, 8. ed., p. 1762-1763, 2009.

15.5 Obras e documentos em meios eletrônicos (CD-ROM, DVD-ROM, Blu-ray, online etc.)

Obras e documentos podem ser encontrados em meios eletrônicos, seja em suporte físico (CDs, DVDs etc.), seja em suporte virtual (internet). Dependendo do suporte, a referência possui formatos diferentes. Vejamos a seguir.

15.5.1 Obras e documentos em meios eletrônicos físicos (CD-ROM, DVD-ROM, Blu-ray etc.)

Referencia-se a obra ou documento conforme os itens 15.1 a 15.4. No final da referência, acrescentam-se as informações relativas à descrição física do suporte.

Exemplo:
ENCICLOPÉDIA digital Época. São Paulo: Globo, 2008. 1 CD-ROM.

15.5.2 Obras e documentos em meio eletrônico online (internet)

A obra ou documento é referenciado da mesma maneira que o constante nos itens 15.1 a 15.4, seguida da expressão "Disponível em:" acrescida do endereço eletrônico entre os sinais < > e da expressão "Acesso em:" e a data.

a) Obra monográfica publicada disponível em meio eletrônico *online*

CARVALHO, Hernandes F.; RECCO-PIMENTEL. *A célula*. 2. ed. Barueri, SP: Manole, 2007. Disponível em: <http://ucs.

bvirtual.com.br/editions/2415-a-celula-2a-edicao.dp>. Acesso em: 23 nov. 2009.

b) Obra monográfica com acesso exclusivo em meio eletrônico *online*

PIMENTEL, Figueiredo. *Histórias da avozinha*. Disponível em: <http://www.dominiopublico.gov.br/download/texto/bn000137.pdf>. Acesso em: 23 mar. 2010.

c) Artigo de periódico científico com acesso exclusivo em meio eletrônico *online*

DELPECH, Alexandre. A facilitação do ensino de morfologia na escola: o trabalho com textos. *Soletras*, São Gonçalo, ano 8, n. 15, p. 18-25, jan./jun. 2008. Disponível em: <http://www.filologia.org.br/soletras/15/a_facilitacao_do_ensino_de_morfologia.pdf>. Acesso em: 11 mar. 2009.

d) Matéria de periódico impresso disponível em meio eletrônico *online*

ANGELO, Claudio. Gene humano muda tom de voz em roedor. *Folha de S. Paulo*, São Paulo, ano 89, n. 29279, 1 jun. 2009. Primeiro Caderno, p. A12. Disponível em: <http://acervo.folha.com.br/fsp/2009/06/01/2/5525323>. Acesso em: 8 jun. 2009.

e) Matéria em *site* de notícias

MÁSCARA de mergulho grava vídeos em alta definição. *Folha.com*, São Paulo, 11 jan. 2010. Disponível em: <http://www1.folha.uol.com.br/folha/videocasts/ult10038u677753.shtml>. Acesso em: 11 jan. 2010.

15.5.3 E-mail

MARINELLO, Adiane F. *Materiais* [mensagem pessoal]. Mensagem recebida por <jerthal@ucs.br> em 03 jun. 2010.

PANDINI, Luciane M. *Salas em manutenção*. Mensagem recebida por <afmarine@ucs.br> em 18 jul. 2010.

Atividades

Ordene as referências, conforme as normas da ABNT:

1) Livro
a) título: Literatura e redação
b) autor: Irene A. Machado
c) local: São Paulo
d) editora: Scipione
e) ano de publicação: 1994
f) edição: 1ª

2) Artigo de jornal
a) título do jornal: Folha de S. Paulo
b) autor do artigo: Rubem Alves
c) título do artigo: A ilha da Páscoa
d) data: 30 de março de 2010
e) página: C2
f) cidade: São Paulo
g) numeração: ano 90, número 29581
h) caderno: Cotidiano

3) Artigo de revista científica
a) título da revista: Ciência & Trópico
b) autor do artigo: Alexandrina Sobreira de Moura
c) título do artigo: Direito de habitação às classes de baixa renda
d) numeração: volume 11, número 1
e) página inicial do artigo: 71

f) página final do artigo: 78

g) mês e ano: janeiro a junho, 1993

h) local de publicação: Recife

4) Artigo em jornal

a) local de publicação: Porto Alegre

b) página do artigo: página 12

c) título do jornal: Zero Hora

d) data: 31 de janeiro de 2003

e) título do artigo: Fome e desigualdade

5) Artigo em meio eletrônico *online*

a) endereço eletrônico: http://www.jornalismo.ufsc.br/bancodedados/meditsch-generos.html

b) título da matéria: Gêneros de discurso, conhecimento, intersubjetividade, argumentação: ferramentas para uma aproximação à fisiologia normal do jornalismo

c) data de acesso: 09 de dezembro de 2003

d) autor: Eduardo Meditsch

6) Artigo em revista

a) título da revista: Veja

b) título do artigo: Plataforma contra as fomes

c) autora do artigo: Lya Luft

d) local da publicação: São Paulo

e) data: 18 de agosto de 2010

f) numeração: ano 43, número 33, edição 2178

g) página: 26

7) Artigo em revista científica

a) título da revista: Coletânea Cultura e Saber

b) autora do artigo: Vanilda Salton Köche

c) título do artigo: A reescrita no ensino da língua portuguesa instrumental
d) numeração: volume 3, número 4
e) páginas inicial e final do artigo: 87-98
f) mês e ano: dezembro de 1999
g) local de publicação: Caxias do Sul

8) *E-mail*
a) título: Publicação eletrônica [mensagem pessoal]
b) autor do *e-mail*: João Francisco Peixoto
c) *e-mail* do destinatário: mariag@terra.com.br
d) data do envio: 02 de junho de 2003

16
Artigo acadêmico

O artigo acadêmico consiste em um gênero textual que permite a socialização do conhecimento. Ele possibilita a apresentação dos resultados das investigações ou estudos a respeito de uma questão teórica e/ou prática. Segundo Köche (2002), é um meio rápido e sucinto de divulgar e tornar conhecidos, através de sua publicação em periódicos especializados, a dúvida investigada, o referencial teórico utilizado (as teorias que serviram de base para orientar a pesquisa), a metodologia empregada, os resultados alcançados e as principais dificuldades encontradas no processo de investigação ou na análise de uma questão. Conforme Fontana, ele é também conhecido como artigo científico (1995, p. 101-102), sendo um gênero muito importante no ensino superior.

Os problemas abordados no artigo podem ser os mais diversos, abrangendo questões que historicamente são polemizadas ou questões teóricas e/ou práticas novas. Essencialmente, no artigo, mostra-se um *problema*, *discute-se* a respeito dele e apresenta-se uma *solução*.

Do artigo, exigem-se certas qualidades, como linguagem concisa, correta e clara; coerência na exposição de ideias e na argumentação; coesão entre os elementos e parágrafos e fidelidade às fontes.

16.1 Estrutura do artigo

16.1.1 Identificação

- Título do trabalho: deve ser claro, sucinto, apresentando o estudo.
- Autor: é a pessoa que fez o estudo e produziu o artigo, localizado logo após o título e à direita da página.
- Qualificação do autor (profissional e acadêmica): colocam-se, em forma de nota de rodapé, o que o autor faz, seu local de trabalho, qual é a sua titulação acadêmica mais elevada e a instituição a que pertence.

16.1.2 Resumo e palavras-chave

O resumo consiste em uma síntese do que foi pesquisado, da metodologia utilizada e dos resultados alcançados. Normalmente, antecede o corpo do artigo e localiza-se na metade superior da página. Em seguida, colocam-se as palavras-chave.

De acordo com Motta-Roth, as palavras-chave são expressões que concentram os temas do texto, orientando o leitor sobre as principais ideias desenvolvidas, ao mesmo tempo que auxiliam o escritor a delimitar e manter constante a linha de discussão (2001, p. 40-41).

Exemplo:

> **Resumo:** A reescrita assume uma grande importância no ensino da dissertação. O texto é um processo de construção quase sempre imperfeito, portanto, deve ser pensado, repensado, modificado e recriado.
>
> **Palavras-chave:** Reescrita; dissertação; texto.

16.1.3 Corpo do artigo

O corpo do artigo apresenta a situação-problema, a discussão e a solução-avaliação.

16.1.3.1 Situação-problema

A situação-problema orienta o leitor, apresentando a dúvida investigada (problema de estudo – *o quê*), os objetivos (*para que* serviu o estudo) e afirmações opcionais que atribuem um valor ou justificativa para a realização do estudo. Nessa parte do artigo, que corresponde à introdução, poderá haver ainda a referência à organização do trabalho, ou seja, às partes que o compõem, ao método empregado e à sua fundamentação teórica.

16.1.3.2 Discussão

Na discussão, expõe-se e discute-se as informações que foram utilizadas para entender e esclarecer o problema. É nessa fase que o autor deve valer-se de todas as formas possíveis de argumentação. A referência a obras e autores consultados, nesse sentido, é de grande valia. A discussão corresponde ao desenvolvimento do artigo, e pode ser dividida em quantos itens forem necessários.

16.1.3.3 Solução-avaliação

A solução-avaliação apresenta os comentários finais, apontando as respostas ao problema investigado, as conclusões alcançadas e/ou limites do estudo desenvolvido. No artigo de pesquisa devem constar os resultados obtidos.

16.1.4 Referências

Listam-se as referências pertinentes a todas as citações feitas, de acordo com as normas da ABNT.

16.1.5 Anexos ou apêndices

Quando necessário, anexam-se os questionários, as tabelas etc.

16.1.6 Data do artigo

A data é colocada no final do artigo.

16.2 Etapas para a produção de um artigo acadêmico

Para a produção do artigo, observam-se as seguintes etapas:
- seleção da bibliografia sobre o assunto;
- delimitação do problema;
- elaboração da abordagem para a análise do assunto;
- elaboração do esquema de trabalho;
- elaboração do resumo dos tópicos e da análise pessoal;
- organização das anotações na ordem apresentada no esquema;
- escolha do tempo verbal mais indicado para ser usado no artigo (o presente é o mais adequado);
- escrita da primeira versão do trabalho;
- revisão da escrita;
- submissão do artigo ao orientador ou a outra pessoa para avaliar a produção;
- escrita da versão final.

16.3 Redação de objetivos no artigo acadêmico

Para a redação do(s) objetivo(s) do artigo, faz-se uso de substantivos e verbos como:

objetivo	visar	analisar	tratar
propósito	pretender	debater	discutir
fim	procurar	comparar	propor
intuito	tentar	avaliar	contribuir

Exemplos de objetivos:
a) O propósito central da discussão será debater uma das questões mais polêmicas resultantes da ...;

b) O presente artigo propõe-se a levantar questões relacionadas a ...;
c) O objetivo deste artigo é ...

Se o artigo é o relato de um estudo anteriormente feito (uma pesquisa de campo, uma pesquisa experimental etc.), é necessário que se apresente o objetivo desse estudo também.

Exemplo:

O presente artigo tem o objetivo de apresentar os resultados de uma pesquisa experimental cujo propósito foi o de avaliar o desempenho de ...

Atividades:

Leia a introdução de um artigo acadêmico e resolva as questões que seguem:

Reescrita: processo de produção textual

Introdução

Em nossa prática docente, com alunos de 3º grau, constatamos que eles não têm o hábito de reescrever seus textos. Ocupam-se geralmente com as correções de superfície e, muito raramente, com a mudança de conteúdo. As operações de revisão que eles realizam são de mera correção ortográfica.

O presente artigo tem o propósito de discutir a importância da reescrita como uma etapa da produção textual, sem a qual o texto não se completa. É importante abordar a questão, uma vez que essa prática é um momento do processo construtivo de um texto, considerado como um trabalho que envolve interação, análise, reflexão e recriação. Este estudo tem como fundamentos teóricos as contribuições de Bakhtin (1981), Fiad e Mayrink-Sabinson (1993), Geraldi (1997), Guedes (1994), Halté (1989), Kato (1990), Petitjean (1994), Orlandi (1988), Pécora (1992) e Köche (1996).

O trabalho apresenta inicialmente reflexões teóricas sobre língua, linguagem e texto na perspectiva interacionista; em seguida, aborda a reescrita como elemento indispensável na produção de um texto e, por último, trata da atuação pedagógica envolvida nesse processo (PAVANI, Cinara Ferreira; BOFF, Odete M. Benetti; KÖCHE, Vanilda Salton. Reescrita: processo de produção textual. *Espaço Pedagógico*, Passo Fundo: Universidade de Passo Fundo, v. 8, n. 2, p. 13-14, dez. 2001).

1) Qual é a situação-problema apresentada pelo artigo?

2) Qual é a justificativa?

3) Qual é o objetivo do artigo?

4) Cite os autores que fundamentam o estudo proposto no artigo acadêmico.

5) Aponte no texto a parte que orienta o leitor em relação à organização do artigo.

17
Relatório

Relatório é um documento através do qual se expõem os resultados de atividades desenvolvidas quer na área da pesquisa, quer na área administrativa. Um relatório deve ser objetivo, informativo e sistematizado. Segundo Martins (1997), antes de redigi-lo, o autor deverá elaborar um esquema, respondendo as perguntas: *o quê?, por quê?, quem?, onde?, quando?, como?, quanto?* e *daí?*

17.1 Qualidades de um bom relatório

Segundo Martins (1997), o relatório deve ter as seguintes qualidades:

17.1.1 Extensão adequada

A extensão varia de acordo com o objetivo dos fatos relatados. Por exemplo, o relatório de uma pesquisa é, geralmente, menos extenso do que o relatório anual de uma empresa.

17.1.2 Linguagem

A linguagem deve ser clara, sistemática, objetiva, exata e correta. Para dar mais consistência ao relatório, aconselha-se a não omitir dados importantes e inserir anexos, quadros e gráficos.

A linguagem a ser empregada deve levar em conta as características do leitor ou público-alvo específico, dependendo das finalidades a que o relatório se propôs. Por exemplo, usa-se uma linguagem técnica, se for para um técnico; se for para um leigo, utiliza-se uma linguagem que não deixe margem a dúvidas.

17.1.3 Exatidão

As informações relatadas serão exatas, para não criar dúvidas com relação às questões apresentadas, números e cifras estatísticas.

17.2 Tipos de relatórios

Segundo normas para apresentação de documentos científicos, da UFPR (2001), os relatórios podem ser técnico-científicos, de viagens, de participações em eventos, de visitas técnicas, de estágios, administrativos e para fins especiais e progressivos. De acordo com Zanotto, o que eles têm em comum é o fato de se constituírem em relatos de ocorrências, o que não impede a inclusão de passagens descritivas. Assim, a estrutura mais comum dos relatórios é a que mescla relato de fatos e descrição de situações. A partir dessa macroestrutura, os tipos de relatos se multiplicam, já que as finalidades, os assuntos e as situações que demandam relatórios variam (2002, p. 141). Vejamos a seguir alguns dos tipos mais comuns de relatório, conforme as *Normas para apresentação de documentos científicos* (UFPR, 2001, p. 24-28).

17.2.1 Relatório técnico-científico

O relatório técnico-científico relata os resultados ou progressos alcançados em pesquisa, descrevendo a situação de uma questão técnica ou científica. Esse tipo de relatório apresenta informações, conclusões e recomendações. Pode ser apresentado como publicação periódica.

17.2.2 Relatório de viagem e de participação em eventos

Tem por objetivo a apresentação de informações e experiências relativas à viagem realizada ou à participação em algum evento. Fornece informações relacionadas à data, ao destino, à duração, aos participantes, aos objetivos e às atividades desenvolvidas.

17.2.3 Relatório de estágio

Visa fornecer informações relativas às experiências adquiridas em estágio. Informa sobre o local onde foi realizado, o período de duração e as atividades nele desenvolvidas.

17.2.4 Relatório de visita técnica

Tem como propósito a apresentação de experiências e registros técnicos resultantes de uma visita técnica. Relata sobre o local onde foi realizada a visita, o período de duração e as observações feitas.

17.2.5 Relatório administrativo

Relata a atuação administrativa de uma unidade ou de toda uma organização, sendo elaborado por um ou vários membros. Esse relatório submete-se à apreciação de uma autoridade, geralmente no final de um exercício.

17.2.6 Relatório para fins especiais

Visa atender a uma necessidade específica. É organizado de forma particular, fornecendo instruções para melhorar o uso de materiais, máquinas, dispositivos e equipamentos. Também pode ser usado para levantamento de produção, orçamento de pesquisa, registro de patentes e manual de *software*.

17.2.7 Relatório progressivo

É apresentado a órgãos patrocinadores de pesquisa (Capes, CNPq, FAPERGS, entre outros), sendo encaminhado periodicamente, conforme determinação das entidades, para relatar o que já foi realizado e o que se pretende fazer no período subsequente.

17.3 Estrutura do relatório

17.3.1 Capa

Contém dados essenciais à identificação do relatório: nome da organização, título do trabalho – sintético e objetivo, subtítulo (se houver), autoria (pessoa ou entidade), local e data.

17.3.2 Folha de rosto

Contém o título do relatório, subtítulo (se houver), autoria (pessoa ou entidade), local, data e número do código (para fins de arquivamento).

17.3.3 Resumo

O resumo do relatório é a condensação do que foi relatado, enfatizando as informações de importância, os resultados e as conclusões. Ele é apresentado com entrelinhamento menor, em parágrafo único, dando preferência ao uso da terceira pessoa do singular e evitando o emprego de citações. É colocado no início do texto.

No resumo, ressaltam-se os objetivos, os métodos, os resultados e as conclusões do trabalho.

17.3.4 Sumário

Enumeram-se no sumário as principais partes, capítulos, divisões, seções, itens, de acordo com as normas da ABNT. Exemplo de sumário:

Introdução, 7

1 Níveis de linguagem, 8

    1.1 Linguagem familiar, 9
    1.2 Linguagem popular, 10
    1.3 Linguagem comum, 11
    1.4 Linguagem cuidada, 12
    1.5 Linguagem oratória, 13

2 Coerência textual, 15

    2.1 Fatores de coerência, 16
        2.1.1 Elementos linguísticos, 17
        2.1.2 Conhecimento de mundo, 18
        2.1.3 Implícitos, 19
        2.1.4 Intertextualidade, 20

3 Coesão textual, 21

    3.1 Mecanismos de coesão referencial, 22
        3.1.1 Coesão por substituição, 23
        3.1.2 Coesão referencial, 24
        3.1.3 Coesão lexical, 25
        3.1.4 Coesão por elipse, 26
        3.1.5 Coesão por conjunção, 27

Conclusão, 45
Referências, 60

17.3.5 Texto

O texto compõe-se, basicamente, de introdução, corpo do relatório e parte final.

17.3.5.1 Introdução

A introdução é a primeira parte do texto do relatório e define de forma breve a questão a ser relatada, fornecendo uma visão geral da mesma. Faz referência à literatura relacionada com o assunto e à orientação obtida, às fontes de dados e aos métodos para coletá-los. Deve constar quem solicitou o relatório, quem realizou, onde foi realizado e qual a técnica utilizada.

A seguir, descreve-se o objetivo do relatório, que conduz ao tema principal a ser desenvolvido no corpo do trabalho. Finalmente, colocam-se os agradecimentos ao auxílio ou à assistência obtida ao longo da atividade.

17.3.5.2 Corpo do relatório

O corpo constitui a parte mais importante do relatório. Colocam-se as observações, os dados, os números e os comentários acerca da questão relatada, conduzindo o leitor a uma completa apreensão de seu conteúdo. A exposição deve ser ordenada, os fatos principais evidenciados, as indicações dos recursos utilizados precisas e a análise bem-fundamentada.

Nessa parte, desenvolvem-se os itens apresentados na introdução e expõe-se o fundamento das conclusões a que se chegou. Podem ser incluídos mapas, tabelas, quadros, diagramas etc. que contribuam para um melhor entendimento do texto. Quando as ilustrações forem muito grandes, podem ser colocadas nos anexos.

17.3.5.3 Parte final

A parte final do relatório deve expressar as conclusões, os resultados, as constatações e as recomendações significativas, tendo por base os resultados descritos. Destacam-se os tópicos que contribuíram para o alcance do objetivo proposto na introdução. As conclusões devem ser precisas e completas.

Nessa parte, colocam-se, também, sugestões para investigações posteriores, providências recomendadas, observações etc.

17.3.6 Referências

As referências são apresentadas de acordo com as normas da ABNT, e mostram as fontes de consulta utilizadas pelo autor para a elaboração do relatório.

17.3.7 Data e assinatura

Ao final do relatório, indica-se a data da conclusão, seguida da assinatura do responsável.

17.3.8 Anexos

Se necessário, quando em número expressivo, colocam-se as ilustrações, tabelas, gráficos etc. em anexo.

17.4 Encaminhamento do relatório

Dependendo do destinatário, o relatório é acompanhado de ofício.

18
Estudo de texto

18.1 Texto 1 – Ponto de Vista

Compre sempre à vista

A tradição das religiões não permite incorporar algumas modernidades, situações novas com as quais os antigos não conviviam. Infelizmente não podemos criar mandamentos que eliminariam imenso sofrimento humano, que reduziriam inúmeros conflitos familiares modernos, que devolveriam paz de espírito a muitos seres humanos. Se pudéssemos, eu proporia um décimo primeiro mandamento: "Jamais comprarás a prazo".

O endividamento pessoal, o crediário sem fim e as compras a prazo deturpam a condição humana. O trabalho se torna uma obrigação, a de saldar as dívidas do consumo, em vez do contrário. O consumo deveria ser a recompensa merecida pelo trabalho benfeito.

"Curta hoje, pague depois" tornou-se o novo lema do consumismo mundial, uma inversão da ética milenar de colocar o sacrifício antes do prazer.

Talvez por isso sejamos um povo eternamente endividado, pendurado. Poupamos pouco, investimos menos ainda. Não é à toa que para muitos trabalhar é um fardo. O prazer veio antes.

A desculpa de "se eu não comprar a prazo, jamais comprarei algo" não convence, porque comprando a prazo você estará pagando muito mais pelo mesmo produto, acrescido de juros e inúmeros outros custos adicionais.

Se você depositar todo mês numa aplicação de renda fixa o valor equivalente ao que seria o da prestação, depois de dezoito meses terá entre 50% e 100% de rendimento a seu dispor, dependendo das taxas de juros do momento.

A questão nunca está entre comprar e não comprar, mas entre receber a mercadoria já, pagando prestações e juros no futuro, e poupar e comprar no futuro, à vista, com desconto e tudo mais. Não são os pobres que compram a

25 prazo, é a compra a prazo que os deixa mais pobres. Compre a prazo e você ficará eternamente pendurado. Compre à vista e estará eternamente livre dos juros do crediário.

Quando se compra a prazo, paga-se por muitos custos adicionais, além dos juros, algo que nossos professores não ensinam. Comprando à vista, uma
30 série de despesas se torna desnecessária, barateando o custo do produto.

Comprando em dez prestações, você está pagando por dez notas promissórias e dez lançamentos que precisam ser contabilizados e registrados. Cada vez que você paga uma prestação, um funcionário tem de receber e contar o dinheiro, um contador precisará dar baixa na prestação, um recibo deverá
35 ser emitido e assinado. Tudo isso tem um custo. Além do mais, há o custo do centro de atendimento de crediário. Nada disso é necessário quando você compra à vista.

Existe ainda o custo da pesquisa de crédito: alguém tem de telefonar para seu empregador, seus antigos credores, para o serviço de proteção ao crédito
40 e assim por diante. Chamam a isso custo de abertura de crédito. E quem paga é você.

Muita gente acaba não saldando as prestações, e o pior da compra a prazo é que você terá de pagar por esses caloteiros. De 3% a 8% dos devedores nunca quitam suas dívidas, e quem paga é você. Isso é uma enorme injustiça,
45 os bons pagadores acabam pagando pelos maus pagadores. Como nunca se sabe de antemão quem vai dar o calote ou não, não há outro remédio a não ser incluir o custo no preço pago por todos.

Inadimplência não é o único custo que se tem quando se compra a prazo, existem ainda milhares de devedores que atrasam o pagamento. Embora
50 não sejam exatamente caloteiros, acabam incorrendo em outros custos, dos cobradores, dos advogados, das cartas de aviso, e quem paga novamente é você, pagador pontual.

Todos esses custos estão embutidos nos juros cobrados, o que gera algumas conclusões equivocadas por parte de certos economistas, jornalistas e
55 políticos que acusam o comércio, os bancos e os cartões de crédito de cobrar juros abusivos. Esquecem que os "juros" são na realidade a soma de juros mais todas essas despesas.

Além de tudo isso, a compra a prazo provoca um senso de superioridade incompatível com sua produtividade, uma ostentação acima de sua capacidade
60 de produção. Na compra de um imóvel não há alternativa a não ser o plano a prazo, mas na compra de um eletrodoméstico há. Para sua felicidade e de

sua família, incorpore mais um lema em sua vida: compre à vista! (KANITZ, Stephen. Compre sempre à vista. *Veja*, São Paulo, ano 35, n. 10, ed. 1742, 13 mar. 2002. Ponto de Vista, p. 20).

Atividades

Responda as questões que seguem:

1) Quem é o autor do texto?
2) Qual é a fonte desse texto?
3) O que significa "Ponto de Vista" no alto da página 143? Em que veículos de comunicação podemos encontrar essa seção?
4) Qual é a questão abordada no texto?
5) A que gênero textual pertence o texto *Compre sempre à vista*? Qual é a tipologia textual predominante? Justifique.
6) Aponte um sinônimo que possa substituir os seguintes termos no texto:
   a) incorporar (linha 01):
   b) conflitos (linha 04):
   c) inversão (linha 12):
   d) poupamos (linha 14):
   e) equivocadas (linha 54):
   f) ostentação (linha 59):
7) Assinale a opção que justifique o emprego das aspas na seguinte afirmação: "se eu não comprar a prazo, jamais comprarei algo" (linha 16):
   ( ) É um provérbio.
   ( ) Trata-se de um *argumento de consenso*, utilizado, geralmente, pelas pessoas que costumam comprar a prazo.
   ( ) É a citação direta das palavras de um outro autor.
   ( ) Revela a ironia do autor em relação ao assunto.
8) Indique as linhas do texto em que aparecem as partes:
   situação-problema:
   discussão:
   solução-avaliação:

9) O texto apresenta um percurso argumentativo para desqualificar a compra a prazo. Apresente esses argumentos relacionados aos seguintes aspectos:
   a) Lema do consumismo mundial:
   b) Desculpa usual:
   c) Custos e juros:
   d) Senso de superioridade:

10) Identifique quatro tipos de custos advindos das compras feitas a prazo:

11) O que revela o emprego repetido do vocábulo *você* no texto?

12) No primeiro e terceiro parágrafos foram utilizadas aspas. A finalidade de tal uso é semelhante nesses distintos momentos? Justifique.

13) O autor, conforme as linhas 05 e 06, propõe a criação de um décimo primeiro mandamento. Há alguma relação de intertextualidade, ou seja, o autor estabelece uma relação de sentido entre o que diz e outro texto? Explique.

14) Há duas afirmações imperativas no texto que se opõem: "Compre sempre à vista" e "Curta hoje, pague depois". Qual é o sentido dessa oposição no texto? Você concorda com o posicionamento do autor? Justifique.

15) Como você interpreta a afirmação: "O endividamento pessoal, o crediário sem fim e as compras a prazo deturpam a condição humana" (linhas 07-08)?

16) Sublinhe, no último parágrafo do texto, todos os operadores argumentativos utilizados pelo autor, indicando a relação que estabelecem.

17) Encontre os referentes de:
   a) as quais (linha 02):
   b) que (linha 04):
   c) os deixa (linha 25):
   d) esses caloteiros (linha 43):

e) isso (linha 44):
f) que (linha 49):
g) esses custos (linha 53):
h) que (linha 53):
i) essas despesas (linha 57):

18) Substitua os articuladores destacados abaixo por outros de mesmo sentido e especifique a relação estabelecida:
a) porque (linha 17):
b) mas (linha 22):
c) quando (linha 28):
d) ainda (linha 38):

19) Como já estudamos, a elipse é um recurso que garante o estabelecimento da coesão. No texto em estudo, ela se manifesta em diferentes momentos. Que termos ou expressões encontram-se em elipse nos fragmentos abaixo?

a) "Curta hoje, pague depois" tornou-se o novo lema do consumismo mundial, uma inversão da ética milenar de colocar o sacrifício antes do prazer (linha 11).

b) Esquecem que os "juros" são na realidade a soma de juros mais todas essas despesas (linhas 56-57).

c) Além de tudo isso, a compra a prazo provoca um senso de superioridade incompatível com sua produtividade, uma ostentação acima de sua capacidade de produção (linhas 58-60).

d) Na compra de um imóvel não há alternativa a não ser o plano a prazo, mas na compra de um eletrodoméstico há (linhas 60-61).

20) **Proposta de produção textual:** escreva uma *carta do leitor*, posicionando-se com relação ao assunto abordado no artigo. Seu texto será lido pelos colegas.

18.2 Texto 2

A ética ajuda a ser mais competitivo

A promoção de assuntos ligados à ética, as manchetes de jornais e a volumosa literatura especializada que tem surgido ultimamente sobre o tema não significam apenas que esteja havendo uma recomposição de padrões de conduta mais elevados na sociedade. Mostram também que, dentro do capitalismo
05 brasileiro, estamos caminhando em direção a uma nova forma de trabalho. Nela, a ética se insere como elemento de relevante interesse empresarial e fator de competitividade, por atribuir ao processo de decisões gerenciais maior confiabilidade e consistência. Trata-se de um movimento importante, principalmente, porque a atividade econômica vem agregando de maneira acelerada a
10 administração dos chamados bens intangíveis, em que conhecimentos, talentos, sistemas, processos, informações, marcas e canais de distribuição significam mais que prédios, terrenos, equipamentos, veículos e materiais.

O capitalismo tem o seu próprio sistema de valores: inclui a honestidade, a veracidade, a disposição de honrar compromissos, de cumprir contratos.
15 Quanto mais ele se desenvolve, mais esses valores se pronunciam. No caso brasileiro, portanto, a evolução do ambiente de negócios tende a favorecer as corporações mais íntegras. "A ética incorpora elementos vitais para a eficiência", diz o economista Eduardo Giannetti da Fonseca. "Entre eles estão a motivação, a pontualidade, a assiduidade, a lealdade, o espírito de equipe, a
20 confiabilidade, o empenho – ou seja, o que não pode ser simplesmente comprado por dinheiro". Tais valores intangíveis, segundo Fonseca, dependem fundamentalmente dos atributos morais da organização. Podemos acrescentar que a ética passou a ser elemento de sucesso empresarial por motivos ligados a mudanças gerenciais, socioeconômicas, culturais e tecnológicas. As técnicas
25 de administração, como os CCQ e o *just-in-time*, por exemplo, têm como princípio a confiança no fornecedor e o compromisso do funcionário. Da mesma forma, as alianças estratégicas, a formação de parcerias, a corporação virtual e a onda de terceirização têm como viga mestra a confiança e a ética nos relacionamentos.

30 Uma das empresas de maior valorização nos Estados Unidos não é, como se poderia pensar, alguma imobiliária com muitos terrenos e prédios, mas a Microsoft, fabricante de *software*, que depende da confiança em cérebros para desenvolver seus produtos. Por falar nisso, quanto valeria a marca Coca-Cola, outro bem intangível? Segure-se na cadeira: 36 bilhões de dólares. Outro sinal

dos tempos, ao contrário do que acontecia na época da Revolução Industrial, quando a produção era controlada visualmente, hoje grande parte do trabalho é desenvolvida fora da empresa, com funcionários sem horário fixo e conectados ao escritório por *modems* e *notebooks*. É com base nessa tendência que o guru Peter Drucker fala tanto sobre educação e produtividade do conhecimento.

Nos negócios, os relacionamentos duradouros entre clientes, fornecedores, parceiros e colegas de trabalho exigem padrões éticos aplicados às relações comerciais e dentro de cada organização. Na ciência, alguns dos maiores programas em curso com vistas ao próximo século concentram-se em áreas eticamente explosivas, que são as pesquisas do cérebro, a bio-diversidade e o genoma, ou seja, o mapeamento e sequenciamento dos genes do DNA humano. No sistema econômico de mercado, hoje, o grande fator de diferenciação é o talento, dada a disponibilidade de capital, informação, tecnologia e processos. E o talento, a serviço da produção, não pode estar dissociado da ética. Por fim, na questão da corrupção de governos, é a ética das instituições que obriga ao cumprimento da lei, evitando, ou pelo menos diminuindo, os roubos e desvios de recursos.

Com tal pano de fundo, é desejável que as empresas procurem valorizar o elemento humano. Se do funcionário se espera um comprometimento ético com o futuro da organização, é justo que delas se aguarde uma atitude correspondente em relação ao funcionário. Vantagens como o horário flexível, a participação nos lucros e a remuneração vinculada ao desempenho deveriam, assim, tornar-se mais e mais comuns. Somente desse modo se poderia pensar em criar uma família entre a empresa e seus funcionários, com o consequente aumento da dedicação ao trabalho. Seria o caso de se elaborar um código de ética próprio, a ser mostrado previamente à aprovação dos candidatos a cargos na organização para saber se eles concordam ou não com seus termos. Desde que estejam de acordo, a partir de então, os funcionários saberão o que esperar da empresa, e esta deles, num processo mais transparente de confiança e abertura. Será um novo tempo que, esperamos, não tardará a chegar (GUERRA, Silvio. A ética ajuda a ser mais competitivo. *Exame*, São Paulo, ano 26, n. 22, p. 36, 26 out. 1994).

Atividades

Responda as questões relacionadas ao texto *A ética ajuda a ser mais competitivo*:

Prática Textual: atividades de leitura e escrita

1) Em que veículo de comunicação foi escrito o texto? Em que data foi publicado?
2) De quem é a autoria do texto? Ele é dirigido a que leitor?
3) A que gênero textual pertence esse texto? Qual é a tipologia predominante? Justifique.
4) Numere a segunda coluna de acordo com a primeira, atentando para o sentido dos vocábulos no texto :

   (1) recomposição (linha 03)   ( ) importância
   (2) insere (linha 06)   ( ) qualidades
   (3) relevante (linha 06)   ( ) inatingível
   (4) intangíveis (linha 10)   ( ) educação
   (5) íntegras (linha 17)   ( ) reorganização
   (6) atributos (linha 22)   ( ) incorruptíveis
   (7) ética (linha 01)   ( ) intercalar
                                  ( ) moral
                                  ( ) introduz

5) Em torno de qual questão o texto é organizado?
6) No primeiro parágrafo, o autor caracteriza a nova forma de trabalho presente no capitalismo brasileiro. Explique como é essa nova forma de trabalho.
7) Quais valores favorecem a evolução de corporações mais íntegras?
8) Que motivos associam a ética ao sucesso empresarial?
9) Nas linhas 34 e 35, o autor faz uso da expressão "Outro sinal dos tempos [...]" introduzindo uma outra tendência no modo de trabalhar. Qual é essa tendência?
10) Indique o lugar da ética nas seguintes áreas:
    a) nos negócios:
    b) na ciência:
    c) no sistema econômico:
    d) nos governos:

11) Que atitudes refletem a postura ética das empresas que procuram valorizar o seu funcionário?

12) Segundo o texto, por que "a ética ajuda a ser mais competitivo"?

13) Qual é a sua opinião sobre a ética no mundo do trabalho?

14) O verbo "têm" é empregado nas linhas 25 e 28. Ele se refere ao mesmo sujeito? Comente.

15) Como se justifica a utilização do artigo indefinido "uma", na linha 30, e do artigo definido "a", na linha 31?

16) Encontre os referentes de:
   a) nela (linha 06):
   b) ele (linha 15):
   c) eles (linha 18):
   d) que (linha 32):
   e) nisso (linha 33):
   f) que (linha 44):
   g) que (linha 50):
   h) delas (linha 54):
   i) desse modo (linha 57):
   j) eles (linha 61):
   k) esta (linha 63):
   l) deles (linha 63):

17) Indique os sentidos gerados pelos operadores argumentativos abaixo:
   a) portanto (linha 16):
   b) ou seja (linha 20):
   c) mas (linha 31):
   d) segundo (linha 21):

18) Com relação aos tipos de argumentos utilizados pelo autor (conforme capítulo 9), leia as assertivas abaixo:
a) "'A ética incorpora elementos vitais para a eficiência', diz o economista Eduardo Giannetti da Fonseca" (linhas 17-18) é um *argumento de provas concretas*.
b) "Uma das empresas de maior valorização nos Estados Unidos não é, como se poderia pensar, alguma imobiliária com muitos terrenos e prédios, mas a Microsoft, fabricante de software, que depende da confiança em cérebros para desenvolver seus produtos" (linhas 30-33) é um *argumento de autoridade*.
c) "Nos negócios, os relacionamentos duradouros entre clientes, fornecedores, parceiros e colegas de trabalho exigem padrões éticos aplicados às relações comerciais e dentro de cada organização" (linhas 40-42) é um *argumento de consenso*.
Quais são as afirmativas corretas?
a) ( ) Apenas *a*
b) ( ) Apenas *b*
c) ( ) Apenas *c*
d) ( ) Apenas *a* e *b*
e) ( ) Apenas *a* e *c*

19) **Proposta de produção textual:** produza um pequeno artigo de opinião, para ser publicado em um jornal da cidade, falando sobre a importância da ética no trabalho.

18.3 Texto 3

Eu não como bicho

E pensar que houve um tempo em que eu me deliciava com carne vermelha. Nos almoços e jantares, gostava de filés sangrentos, pantagruélicos churrascos e hambúrgueres suculentos. Achava a carne de animais indispensável. E hoje não consigo olhar uma chuleta. Picanha, nem em fotografia. Só o cheiro de
05 maminha me enjoa. Meu paladar não mudou nem estou mais preocupado com a minha saúde. São as informações e o conhecimento que me embrulharam o estômago. Há dois anos fundei o Instituto de Proteção aos Animais do Brasil, mas batalho pela causa faz mais de dez anos. Uma das atividades do instituto é o recebimento de denúncias sobre maus-tratos aos bichos. Infelizmente, é
10 o setor mais agitado. Foram as denúncias da crueldade contra os animais que me fizeram fugir dos prazeres da carne.

Uma vaca leva três marretadas na cabeça, às vezes mais, para morrer. São marretas de ferro, com cabo de aço. Imagine-se a dor. Quando não morre, o animal é retalhado ainda vivo. Ao ver aquela carne toda assando sobre as brasas
15 da churrasqueira, a imagem que me vem à cabeça é essa. Nem a lembrança do sabor delicioso consegue me fazer render à tentação.

Não como mais carne vermelha. Mas não porque ela pode fazer mal ao meu organismo. Não é uma questão de carne vermelha contra carne branca. Evito carne de boi, porco, aves e peixes. Também não compro cintos, malas
20 nem sapatos de couro animal. Eu protesto pelos crimes contra os animais. Não consumo a carne de um bicho que foi torturado e sofreu intensa dor. Sou vegetariano por uma questão de consciência.

Em geral, os homens não estão nem um pouco preocupados com os métodos pelos quais os animais são abatidos. Como seres pretensamente superiores,
25 querem apenas se alimentar. É uma pena, pois todo esse sofrimento, dor e angústia é o que se ingere junto com os bichos. A consciência ecológica tão decantada fecha os olhos para as barbaridades cometidas contra os animais.

É uma hipocrisia, e outra forma de egoísmo, abandonar a carne vermelha para comer só frango e peixe. Ora, um frango passa 45 dias ingerindo uma
30 ração pavorosa, sem poder se mexer, unicamente para ser decepado e retalhado. Em gaiolas em que caberiam vinte, ficam entulhados cinquenta frangos. A galinha, por sua vez, é mantida em ambiente iluminado artificialmente, o tempo inteiro, para botar mais ovos. Assim, viola-se o ciclo noite e dia para, à

custa dos animais, conseguir mais lucros. Você já imaginou ficar num cubículo
35 permanentemente iluminado, preso até morrer? Isso é barbárie.

Os bezerros que depois viram *baby beef* só conhecem o sofrimento em seus poucos meses de vida. Eles são mantidos, desde o nascimento, em cubículos pouco maiores que eles – para não criar músculos e ter a carne macia. Morrem sem ter dado um único passo. Quanto mais comermos *baby beef* e
40 vitela, mais bezerros serão mantidos assim. Os porcos, além de serem tratados como animais sujos – que não são – e ser alimentados com restos de comida, muitas vezes na beira de córregos imundos, morrem de forma cruel. Um facão corta-lhes o pescoço de lado a lado, e eles são deixados sangrando, até secar. Em alguns casos, depois são jogados numa piscina de água fervendo. Imaginem,
45 morrem esfaqueados e seus corpos são afogados e queimados.

No transporte de bois, se algum cai ou se deita, leva umas bordoadas para se levantar. Quando não dá certo, o motorista do caminhão liga uns fios à bateria e dá choques nos coitados.

Esses métodos cruéis de abate, criação e transporte são mais comuns do
50 que se imagina. Alguns frigoríficos e avícolas já fazem abate humanitário, mas eles são poucos. Além disso, várias pesquisas mostram que cerca de metade da carne que comemos é proveniente de abatedouros clandestinos. Isso significa que, além de sofrer um abate terrível, o animal pode ser doente.

O ato de não comer carne vermelha por não ser saudável é ganância do
55 homem. O ato de não comer outros seres vivos por respeito a eles é divino. Todos os animais nascem iguais diante da vida e têm o mesmo direito a uma existência e a uma morte dignas (COCA, Maurício Esteves. Eu não como bicho. *Veja*, São Paulo, ano 28, n. 42, ed. 1414, 18 out. 1995. Ponto de vista, p. 142).

Atividades

Responda as questões relacionadas ao texto *Eu não como bicho*.

1) Em que veículo de comunicação e quando foi escrito o texto?
2) Quem é o autor do texto?
3) A quem é dirigido o texto?
4) Em torno de que questão o texto é organizado?
5) Indique o sentido dos seguintes vocábulos no texto:
   a) bicho (título do texto):
   b) pantagruélicos (linha 02):

c) suculentos (linha 03):
d) embrulharam (linha 06):
e) crueldade (linha 10):
f) hipocrisia (linha 28):

6) Qual é uma das atividades do Instituto de Proteção aos Animais do Brasil?

7) Como o autor qualifica os métodos de abate, criação e transporte de animais?

8) Segundo o autor, qual é a consequência do consumo de animais abatidos através de métodos cruéis?

9) Qual é a apreciação final do autor em relação ao ato de não comer carne?

10) Você acha adequado o título dado ao texto pelo autor? Justifique.

11) Destaque duas passagens do texto em que há uma maior aproximação do autor com o leitor.

12) Qual é a atitude do autor em relação ao texto? (Por exemplo, ele é irônico, crítico, indiferente)

13) Identifique e explique as elipses empregadas no seguinte trecho: "E hoje não consigo olhar uma chuleta. Picanha, nem em fotografia" (linha 04).

14) A que gênero textual pertence o texto em questão? Qual é a tipologia predominante? Justifique sua resposta.

15) Qual é o nível de linguagem utilizado pelo autor do texto *Eu não como bicho*?

16) Assinale com um **X** a única afirmação verdadeira em relação ao texto:

a) ( ) O autor não come carne vermelha, mas aprecia carne de aves e peixes.

b) ( ) Há uma grande preocupação humana com os métodos de abatimento dos animais.

c) ( ) O autor não come carne porque protesta pelos crimes cometidos contra os animais.

d) ( ) O autor escreveu o texto na primeira pessoa do discurso para chamar a atenção sobre si mesmo.

e) ( ) Os métodos cruéis de abate, criação e transporte de animais são pouco comuns nos abatedouros clandestinos.

17) Indique os referentes de:
   a) ela (linha 17):
   b) pelos quais (linha 24):
   c) isso (linha 35):
   d) seus (linha 37):
   e) eles (linha 37):
   f) lhes (linha 43):
   g) eles (linha 55):

18) Que sentido estabelecem os operadores argumentativos que seguem:
   a) quando (linha 13):
   b) porque (linha 17):
   c) assim (linha 33):

19) **Proposta de produção textual:** a partir do texto analisado, faça um *comentário* escrito, imaginando que seria lido em um programa de rádio.

18.4 Texto 4

O sofisma da especialização

Alguém disse que um especialista é uma pessoa que sabe cada vez mais sobre cada vez menos. A frase é engraçadinha, porém errada. Cadê o especialista que só sabe de um assunto? Certamente, não está nos empregos mais cobiçados.

Pensemos no caso dos cientistas. Noventa e nove vírgula nove por cento dos mortais não entendem suas publicações, sobretudo nas ciências naturais. Mas um cientista fez um primário e secundário genérico, uma faculdade pouco especializada e os cursos de doutorado são bastante amplos e, quase sempre, multidisciplinares. Portanto, em seus vinte anos de estudos, relativamente pouco tempo foi concentrado em áreas especializadas. E mesmo estudando áreas especializadas, muito do proveito foi afiar a capacidade de manipular ideias. No fundo, o bom cientista é um grande generalista que, além disso, domina uma área específica. Os russos tinham um curso para engenheiros especializados em tintas com pigmento orgânico e outro para inorgânico. Mas se são bons engenheiros é porque passaram muitos anos adquirindo uma competência mais ampla para analisar problemas e pensar claro.

É a maior capacidade de pensar de forma abrangente que faz de alguém um grande cientista e não um reles operador de laboratório. Robert Merton demonstrou que a diferença entre um prêmio Nobel e outros cientistas é sua capacidade de escolher o problema certo na hora certa. Portanto, não é o conhecimento especializado – por certo necessário na pesquisa e em muitas outras áreas – que conta, mas a combinação desse com uma série de competências generalizadas. Ou seja, todo especialista de primeira linha é também um generalista.

Dentre as ocupações valorizadas e mais bem remuneradas, há duas categorias. A primeira é a dos cientistas, engenheiros e muitos outros profissionais cuja preparação requer o domínio de técnicas complexas e especializadas – além das competências "genéricas". Ninguém vira engenheiro eletrônico sem longos anos de estudo. Mas pelo menos a metade das ocupações que requerem diploma superior exige conhecimentos específicos limitados. Essas ocupações envolvem administrar, negociar, coordenar, comunicar-se e por aí afora. Pode-se aprendê-las por experiência ou em cursos curtos. Mas somente quem dominou as competências genéricas trazidas por uma boa educação tem a cabeça arrumada de forma a aprendê-las rapidamente. Por isso, nessas ocupações há gente com todos os tipos de diploma. Nelas estão os graduados em economia, direito e dezenas de outras áreas. É tolo pensar que estão fora do lugar ou mal aproveitados, ou que se frustrou sua profissionalização, pois não a exercem. É interessante notar que as grandes multinacionais contratam "especialistas" para posições subalternas e, para boa parte das posições mais elevadas, pessoas com a melhor educação disponível, qualquer que seja o diploma.

A profissionalização mais duradoura e valiosa tende a vir mais do lado genérico do que especializado. Entender bem o que leu, escrever claro e comunicar-se, inclusive em outras línguas, são os conhecimentos profissionais mais valiosos. Trabalhar em grupo e usar números para resolver problemas, pela mesma forma, é profissionalização. E quem suou a camisa escrevendo ensaios sobre existencialismo, decifrando Camões ou Shakespeare pode estar mais bem preparado para uma empresa moderna do que quem aprendeu meia dúzia de técnicas, mas não sabe escrever.

A lição é muito clara: o profissional de primeira linha pode ou não ser um especialista, dependendo da área. Pode ou não ter a necessidade de conhecer as últimas teorias da moda. Mas não pode prescindir dessa "profissionalização genérica", sem a qual será um idiota, cuspindo regras, princípios e números que não refletem um julgamento maduro do problema. Portanto, lembremo-nos: especialista não é quem sabe só de um assunto, e ser profissional não é apenas conhecer técnicas específicas. O profissionalismo mais universal é saber pensar, interpretar a regra e conviver com a exceção (CASTRO, Cláudio de Moura. O sofisma da especialização. *Veja*, São Paulo, ano 34, n. 13, ed. 1694, 04 abr. 2001. Ponto de vista, p. 25).

Atividades

Responda as questões que seguem:
1) Indique o nome do autor do texto.
2) De que fonte foi retirado o texto? Em que data?
3) Qual é a questão discutida no texto?
4) Levando em consideração o sentido dos vocábulos no texto, enumere a segunda coluna de acordo com a primeira:
   a) especialista (linha 01)   ( ) engendrar, forjar
   b) multidisciplinares (linha 09) ( ) pessoa que tem
                                        conhecimentos gerais
   c) manipular (linha 11)   ( ) juízo de valor

d) competências generalizadas   ( ) quem se dedica a
   (linhas 22-23)   determinado ramo
e) generalista (linha 24)   ( ) várias áreas do
                                    conhecimento
f) subalternas (linha 39)   ( ) subordinadas,
                                    inferiores
g) prescindir (linha 51)   ( ) aptidões gerais
                                 ( ) dispensar

5) Comente a seguinte afirmação: "no fundo, o bom cientista é um grande generalista que, além disso, domina uma área específica" (linhas 12-13).

6) Cláudio de Moura e Castro apresenta as duas categorias de ocupações valorizadas e mais bem remuneradas. Identifique-as e apresente as competências que, segundo o texto, são peculiares a cada uma.

7) Conforme o texto, as multinacionais contratam especialistas para posições subalternas e, para boa parte das posições mais elevadas, pessoas com a melhor educação disponível, qualquer que seja o diploma. Comente a razão da postura das multinacionais.

8) Quais conhecimentos são mais importantes para a construção de uma profissionalização mais duradoura e valiosa, segundo o autor do texto?

9) Classifique os argumentos utilizados no texto, conforme a numeração que segue:
   (1) argumento de autoridade
   (2) argumento de consenso
   (3) argumento de provas concretas
   a) ( ) "Pensemos no caso dos cientistas. Noventa e nove vírgula nove por cento dos mortais não entendem suas publicações, sobretudo nas ciências naturais. Mas um cientista fez um primário e secundário genérico, uma

faculdade pouco especializada e os cursos de doutorado são bastante amplos e, quase sempre, multidisciplinares" (linhas 05-09).

b) ( ) "Os russos tinham um curso para engenheiros especializados em tintas com pigmento orgânico e outro para inorgânico" (linhas 13-14).

c) ( ) "Robert Merton demonstrou que a diferença entre um prêmio Nobel e outros cientistas é sua capacidade de escolher o problema certo na hora certa" (linhas 18-20).

d) ( ) "Entender bem o que leu, escrever claro e comunicar-se, inclusive em outras línguas, são os conhecimentos profissionais mais valiosos" (linhas 42-44).

10) Ao apresentar a conclusão, no último parágrafo, o autor enfatiza as características do profissional de primeira linha. Sintetize tais características e analise se elas estão presentes em sua formação acadêmica.

11) Justifique o emprego do vocábulo "sofisma" no título do texto.

12) Indique os referentes de:
   a) que sabe (linha 01):
   b) desse (linha 22):
   c) cuja (linha 27):
   d) las (linha 32):
   e) nelas (linha 35):
   f) a qual (linha 52):

13) Releia o texto e explique as relações textuais que são estabelecidas entre os diferentes enunciados pela presença dos articuladores abaixo destacados:
   a) porém (linha 02):
   b) portanto (linha 09):
   c) mas (linha 32):
   d) por isso (linha 34):

14) Faça um resumo do texto *O sofisma da especialização*.
15) **Proposta de produção textual:** produza uma carta do leitor, dirigida à revista, dando sua opinião a respeito do artigo.

18.5 Texto 5

Pessoas! O verdadeiro valor das organizações!

Adm. Luiza Maria Bessa Rebelo[*]

Peter Drucker (1993), ao assinalar que já se está vivendo na sociedade pós-capitalista, indica que uma das características fundamentais desse novo tempo é o conhecimento. Este sim constitui-se no recurso econômico básico deste final de século e no fator decisivo para o desenvolvimento das nações e das unidades organizacionais.

Essa constatação remete à questão central que se pretende focar neste artigo: as pessoas e seu valor no contexto organizacional que se delineia. Ou seja, aceita a premissa de que a sociedade atual e do futuro têm como paradigma o conhecimento. Pode-se inferir que os Recursos Humanos, as Pessoas, os Talentos terão o centro da cena no espaço organizacional, de vez que adquirir, possuir e incrementar o conhecimento é uma prerrogativa e condição inalienável dos seres humanos. Eles, e só eles, são os detentores da capacidade de aprender e transformar o mundo, de acordo com o clássico modelo de Ver, Pensar e Agir.

Essa constatação, quase um truísmo, conduz necessariamente a um novo pensar e configurar do desenho organizacional. As organizações devem apresentar uma configuração diversa da que historicamente vêm praticando, não só em relação ao uso da tecnologia mas também em relação aos processos organizativo-estruturais e aos gerenciais. Ao assumir o papel de peças-chave das organizações, as Pessoas é que passam a representar o ordenamento básico institucional, deixando como coadjuvantes – importantes, é verdade – os demais aspectos que integram o chamado "mundo corporativo".

A revolução provocada pelo avanço das tecnologias da informação tornaram de fato o mundo uma "aldeia global", uma grande paróquia, e as organizações públicas e privadas viram-se rapidamente instadas a alterar sua forma de funcionar para responder ao novo contexto. Esse contexto, que é de mudanças velozes e contínuas, disponibilizou mais facilmente o acesso aos avanços científicos e tecnológicos por parte das organizações, tornando a propriedade desses fatores em condição básica de funcionamento e operação organizacional. A diferença e o sucesso residirão na capacidade de atrair e aglutinar os melhores talentos visando ao alcance de objetivos e metas.

---

[*] A autora é administradora (CRA n. 177 – 11a Região), Professora Adjunto IV da Universidade do Amazonas/FES/Depto. de Administração, Especialista em Recursos Humanos e Mestre em Administração Pública pela EBAP/FGV/RJ.

Segundo Gil (1994), as modernas teorias administrativas, bem como as pesquisas desenvolvidas mais recentemente, vêm corroborando a relevância do fator humano na empresa, reservando-lhe mesmo a posição de indicador das diferenças entre organizações bem-sucedidas e aquelas que fracassam. Os talentos, como se vêm atualmente denominando, é que são responsáveis pela sobrevivência, manutenção, crescimento e desenvolvimento organizacional.

Chiavenato (1996) alerta que o êxito de uma empresa depende do aumento da qualidade de seus produtos e serviços e do valor social neles embutidos, isto é, da sua competitividade como empresa no mercado e do que o cliente consegue identificar como valor agregado. Assim, a competitividade de uma empresa depende fundamentalmente de seu pessoal, seu principal ativo. Nesta ótica, as pessoas deixam de ser contabilizadas no passivo (como "centro de custos") e passam a fazer parte do ativo (como "centro de lucro") do mundo empresarial.

Há consenso entre diversos autores de que essa configuração ainda não se constitui prática corrente na maioria das organizações, mas apenas para aquelas portadoras de maior visão de futuro. A adequada valorização de seu pessoal já é praticada em empresas inovadoras, naquelas consideradas de "classe mundial" e, especialmente, naquelas que pretendem firmar-se como *bench-marking* para as demais.

Esse formato organizacional contemporâneo se configura no modelo apontado por Costa (1998) como "organização de alto envolvimento". As características desse modelo, segundo o citado autor, são Visão Holística, Estrutura Organizacional Flexível, Trabalho por Equipes, Conhecimento e Aprendizagem e Comunicações Intensivas. Como se pode verificar, em todas essas características sobressai o aspecto relativo ao Ser Humano e sua capacidade de criar e produzir, de fazer a diferença. O presente e o futuro exigem "organizações de alto envolvimento" e essas só existirão com a correta valorização de seu Pessoal, o que significa reservar-lhe o papel principal de agente construtor desse novo modelo.

O conjunto da sociedade clama por organizações mais éticas, mais socialmente responsáveis, que contribuam para uma vida mais solidária e fraterna, que preservem a qualidade de vida do planeta para as próximas gerações e que respeitem os valores humanísticos, acima de quaisquer outros. Esta nova face das organizações pressupõe e demanda a valorização de sua gente, de seu pessoal, de seus talentos, como forma e caminho para a prosperidade e sucesso organizacional.

Referências

CHIAVENATO, Idalberto. *Como transformar RH (de um centro de despesa) em um centro de lucro*. São Paulo: Makron Books, 1996.

COSTA, Geraldo Vieira da. Organizações de alto envolvimento. *Revista Brasileira de Administração*, ano 8, n. 23, out. 1998.

DRUCKER, Peter. *Sociedade pós-capitalista*. São Paulo: Pioneira, 1993.

GIL, Antônio Carlos. *Administração de recursos humanos*: um enfoque profissional.

São Paulo: Atlas, 1994.

(REBELO, Luiza Maria Bessa. Pessoas! O verdadeiro valor das organizações! *Jornal do administrador*, Manaus, p. 5, jun. 1999.)

Atividades

1) Quem é o autor do texto?

2) Em que veículo de comunicação foi publicado o texto? Em que data?

3) Indique o nível de linguagem no qual foi escrito o texto.

4) Por que a autora inclui as referências no final do texto?

5) A que gênero textual pertence o texto em estudo?

6) Onde podem ser publicados textos desse gênero?

7) Qual é a situação-problema apresentada no texto?

8) Dentro da nova configuração das organizações, quem assume o papel principal?

9) Em que residirão a diferença e o sucesso no novo contexto organizacional, apontado no texto?

10) Em que tipo de empresas já se pratica, segundo a autora, a adequada valorização de seu pessoal?

11) Que aspecto sobressai-se em todas as características apresentadas por Costa, segundo Luiza Rebelo?

12) Qual é a solução-avaliação apresentada pela autora?

13) Na discussão, a autora vale-se das ideias de diferentes autores para sustentar a questão apresentada. Sintetize as ideias de:

  a) Drucker (1993):

  b) Gil (1994):

c) Chiavenato (1996):
d) Costa (1998):

14) Assinale os itens que se aplicam às citações usadas no texto:
   a) presença de aspas ( )
   b) presença de data ( )
   c) presença de página ( )
   d) presença apenas do sobrenome do autor ( )
   e) referência a outro autor ( )
   f) presença do nome e sobrenome do autor ( )

15) As citações empregadas pela autora são *diretas* ou *indiretas*? Justifique sua resposta.

16) Levando em consideração a leitura e a compreensão do texto, explique o significado dos vocábulos seguintes:
   a) inalienável (linha 12):
   b) truísmo (linha 15):
   c) peças-chave (linha 19):
   d) visão holística (linha 54):

17) Coloque **V** para as afirmações verdadeiras e **F** para as falsas, com relação aos referentes textuais:
   a) ( ) o vocábulo *que* (linha 06) tem como referente *questão central* (linha 06).
   b) ( ) o vocábulo *eles* (linha 12) tem como referente *seres humanos* (linha 12).
   c) ( ) o vocábulo *essa* (linha 15) tem como referente *eles* (linha 12).
   d) ( ) o vocábulo *sua* (linha 25) tem como referente *organizações* (linha 25).
   e) ( ) o vocábulo *lhe* (linha 34) tem como referente *relevância* (linha 33).
   f) ( ) o vocábulo *aquelas* (linha 48) tem como referente *organizações* (linha 47).

18) Enumere a segunda coluna de acordo com a primeira, indicando as relações textuais estabelecidas pelos operadores argumentativos destacados:

(1) e (que respeitem) (linha 64) ( ) conformidade
(2) segundo (linha 32) ( ) adição
(3) isto é (linha 40) ( ) oposição
(4) mas (linha 47) ( ) finalidade
 ( ) esclarecimento

19) **Proposta de produção textual:** construa um *depoimento*, no qual você expresse sua valorização como pessoa na organização em que atua. Depois, socialize-o com o colega ao lado.

18.6 Texto 6

Dólares na Suíça, filhos aqui

Existe uma enorme contradição na frase acima. Ganhar dinheiro no Brasil e manter parte dele investido fora parece ser uma atitude inteligente. Mas, feito por dezenas de milhares de brasileiros, priva a nação dos recursos já disponíveis para o nosso crescimento.

O total de depósitos dos brasileiros no exterior, segundo pessoas que operam nessa área, gira entre 45 e 140 bilhões de dólares. A estimativa mais frequente é de 95 bilhões. Nunca saberemos o valor verdadeiro, mas, qualquer que seja, suspeita-se que esse valor tenha aumentado em 20 bilhões nos últimos seis meses. O que, no fundo, desencadeou a recente crise. É dinheiro suficiente para gerar de 1 a 6 milhões de empregos, reduzindo, além do desemprego, a violência urbana e a criminalidade.

Por alguma razão, evita-se discutir esse assunto em público, mas acho que é preciso abordá-lo neste momento. Primeiramente, alguns fatos: o grosso desse dinheiro não foi depositado por bilionários nem por empresários com caixa dois, mas sim por pessoas de classe média que receberam salários e honorários honestamente e que, por uma razão ou outra, entraram em pânico. Dá para entender por que as pessoas depositam seu dinheiro em países onde a regra do jogo não muda. Provavelmente, abriram essas contas para proteger suas famílias de uma hiperinflação que quase ocorreu, ou após um sequestro de cruzados que de fato aconteceu. Portanto, antes de julgá-los com um falso moralismo, é importante concordar que os tempos não foram fáceis.

Mas existe outra questão que esses poucos brasileiros precisam entender: parte da crise reside justamente no costume e na rapidez com que se transfere dinheiro para fora ao primeiro sinal de problema. O Brasil tem investido no exterior quase tanto quanto as multinacionais têm investido no Brasil, um contrassenso monumental. Poupança para o crescimento o Brasil já tem, o problema é que ela está no lugar errado.

Se você é um desses, mais dia menos dia terá de resolver a seguinte questão: ou coloca seus filhos também na Suíça, ou então aplica no país em que eles irão viver e trabalhar, investindo na geração de seus empregos. Foi assim que os alemães reconstruíram a Alemanha e os japoneses, o Japão, depois da II Grande Guerra.

Quem investe em CDBs, fundos de renda fixa, cadernetas de poupança e especialmente ações brasileiras está indiretamente ajudando a gerar os empregos necessários para os próprios filhos. Além do mais, quem acha que seu

35 dinheiro está seguro numa pequena ilha do Caribe deveria primeiro visitá-la. Noventa e cinco bilhões de dólares é muito dinheiro para investir numa ilha. Quem garante que seu dinheiro não está reinvestido na Rússia, no Japão ou em Hong-Kong? Os 3% de juros ao ano que se recebe não compensam esse risco.

    Com o câmbio livre e unificado, a função do doleiro caminhará um dia
40 para a extinção, como ocorreu na Europa e nos Estados Unidos, e daqui a dez anos você provavelmente não terá como trazer seu dinheiro de volta, nem ilegalmente. Ter de gastar o dinheiro comendo lagosta caribenha poderá matá-lo do coração. Um dia as leis financeiras serão mundiais, consequência inexorável da globalização. Aí não haverá porto seguro no mundo, vide o que
45 aconteceu com Pinochet.

    Está na hora de perdoar os pacotes do passado e começar a reconstruir este país. Está na hora de trazer pelo menos uma parte neste ano, e o resto, devagarinho. Os preços dos imóveis estão ridiculamente baixos; as ações, nem se fala. Os juros cairão e o dólar também. O risco Brasil só serve para os
50 estrangeiros. Para quem vive aqui, ele não existe.

    Vamos ter de fazer uma campanha corpo a corpo para convencer os brasileiros a investir de novo no país. Mas se, apesar de tudo, seu pai, seu tio, seu melhor amigo ou você mesmo ainda acreditam que aplicar dinheiro lá fora é mais seguro, pergunte ao seu gerente se não dá para depositar também
55 seu filho ou sua filha. Afinal, seu verdadeiro investimento são eles (KANITZ, Stephen. Dólares na Suíça, filhos aqui. *Veja*, São Paulo, ano 32, n. 14, ed. 1592, 7 abr. 1999, Ponto de vista, p. 21).

Atividades

1) Em que veículo de comunicação e quando foi escrito o texto?
2) De quem é a autoria do texto?
3) A quem é dirigido o texto?
4) A partir da leitura e da compreensão do texto, explique o significado dos vocábulos abaixo:
    a) pânico (linha 16):
    b) hiperinflação (linha 19):
    c) contrassenso (linha 26):
    d) inexorável (linha 44):
    e) globalização (linha 44):

5) Qual é a questão apresentada no texto?
6) Apresente a justificativa do autor para defender as pessoas que investem fora do Brasil.
7) Cite as consequências decorrentes da questão apresentada no texto.
8) Qual é a solução apresentada pelo autor para o problema discutido no texto? Comente-a.
9) Sublinhe no texto as frases que mostram a ironia do autor para defender seu ponto de vista.
10) Com base na leitura do texto, assinale com **C** as afirmações corretas e com **I** as incorretas:
   a) ( ) "Já" (linha 03) assinala que a nação não possui atualmente recursos para seu crescimento.
   b) ( ) "Falso moralismo" (linhas 20-21) quer dizer julgamento preconceituoso.
   c) ( ) "Um contrassenso monumental" (linhas 25-26) é o Brasil investir nele mesmo tanto quanto as multinacionais têm investido.
   d) ( ) Além da Revista *Veja*, este texto também poderia ter sido publicado num Manual do Investidor.
   e) ( ) O texto em estudo é um artigo de opinião.
   f) ( ) Quanto aos níveis, classifica-se a linguagem do texto como cuidada.
11) Na frase "Os juros cairão e o dólar também" (linha 49), há um mecanismo de coesão. Identifique-o.
12) Por que "daqui a dez anos!" (linhas 40-41) é escrito sem h?
13) Justifique o emprego de "onde" (linha 17) no texto.
14) Indique o sentido que os operadores argumentativos estabelecem:
   a) portanto (linha 20):
   b) ou (linha 29):
   c) também (linha 54):

15) A que se refere os termos ou expressões seguintes:
   a) esse (linha 08):
   b) lo (linha 13):
   c) seu (linha 17):
   d) suas (linha 19):
   e) los (linha 20):
   f) la (linha 35):
16) Identifique os tipos de argumentos usados pelo autor no 2º, 5º e 7º parágrafos (conforme capítulo 9).
17) Sugira outro título ao texto.
18) Faça o resumo do texto.
19) **Proposta de produção textual:** elabore uma *entrevista* para ser feita a um gerente de contas de um banco, responsável pelas aplicações disponíveis no mercado financeiro, a fim de saber qual é a mais rentável. Depois de realizar a entrevista, os resultados serão socializados em sala de aula.

19
Melhorando sua escrita

19.1 Emprego de por quê / por que / porquê / porque

Emprega-se **por quê**, separado e com acento, quando constitui o último elemento de uma frase. Exemplos:
Mara não veio à festa, por quê?
Ela está feliz sem saber por quê.

Usa-se **por que**, separado e sem acento, em dois casos:
a) em início de interrogação direta e indireta. Exemplos:
– Por que Mara não veio à festa?
– Quero saber por que Mara não veio à festa.
b) quando pode ser substituído por **pelo(a) qual**, **pelos(as) quais**. Exemplo:
Desconhece-se o motivo por que Mara não veio à festa.

Utiliza-se **porquê**, junto e com acento, quando se trata de substantivo. Vem precedido de artigo ou pronome. Equivale a **motivo**, **causa**, **razão**. Exemplos:
O porquê da ausência de Mara é desconhecido.
Ninguém entendeu os meus porquês.

Faz-se uso de **porque**, junto e sem acento, para os demais casos, isto é, quando for uma conjunção coordenativa explicativa ou uma conjunção subordinativa causal. Exemplos:

Mara não veio porque está doente.
Ande, porque sua aula está começando.
Ele não foi à universidade, porque estava viajando.

19.2 Emprego de quê! / quê? / quê

Emprega-se o **quê!**, com acento e ponto de exclamação, quando indica espanto ou estranheza. Exemplo:
– Paulo partiu hoje pela manhã, e não voltará tão cedo.
– Quê!

Utiliza-se o **quê?**, com acento e ponto de interrogação, quando constitui uma pergunta a respeito de algo que não foi entendido. Exemplo:
– É melhor você não se aproximar do chefe hoje.
– Quê?

Usa-se **quê**, com acento, quando se trata de um substantivo. Exemplo:
Ele tem um quê que me deixa intrigado.

19.3 Emprego de há / a

Faz-se uso de **há**, com h e acento, para indicar tempo passado, e também no sentido de ocorrer, existir. Exemplos:
Ele partiu há anos. (indica tempo passado)
Há muitas controvérsias com relação ao assunto. (no sentido de existir)

Emprega-se **a**, sem h e sem acento:
a) para indicar futuro. Exemplo:
Ela partirá daqui a dez dias.
b) para indicar distância. Exemplo:
O acidente aconteceu a uma quadra da escola.

19.4 Emprego de aonde / onde

Utiliza-se **aonde** com verbos indicativos de movimento; equivale a **para onde**. Exemplos:
   Aonde vais assim apressado?
   Aonde corres?

Usa-se **onde** com os verbos que não indicam movimento. Exemplos:
   Onde estudas?
   Onde moras?

Atividades

1) Preencha os espaços com **porque, por que, porquê** ou **por quê**. Justifique a resposta.
   a) _____ estás nesta sala?
   b) Estás aqui, _____?
   c) Está aqui _____ é aluna do curso.
   d) Temos algo em vista, motivo _____ estamos aqui.
   e) Desconheço as razões _____ ele não compareceu à cerimônia.
   f) João, _____ não compraste o produto mais barato?
   g) Eis a razão _____ comprei o produto mais caro.
   h) _____ não haverá aula amanhã?
   i) Se não é este o emprego que queres, _____ não formalizas tua demissão?
   j) Quero saber o _____ dessa atitude impensada.
   k) Alguém sabe dizer _____ ele não compareceu.
   l) Estamos aqui e o _____ não sabemos.
   m) Sou a que chora sem saber _____ "Eu sem você não tenho _____" (Vinícius de Moraes).
   n) _____ duvidas de teu amigo?
   o) Os alunos conseguiram melhorias no ensino _____ reivindicaram junto à direção.
   p) Ele não foi à aula _____ estava doente.

2) Empregue **quê!**, **quê?** ou **quê**. Justifique sua resposta.
   a) Você foi ao jantar? _____
   b) Ela tem um _____ que me deixa alegre.
   c) Acabo de ganhar na loteria. _____
   d) Mariana está apaixonada, e não é correspondida. _____

3) Coloque **há** ou **a**.
   a) Mônica saiu _____ meia hora.
   b) Tudo mudará para melhor, daqui _____ alguns anos.
   c) Ela mora _____ cem metros da universidade.
   d) _____ dias, percebo que ele está mais feliz.
   e) Ele saiu _____ pouco.
   f) _____ uma pedra no meio do caminho.
   g) _____ muito amor no seu coração.
   h) Ela voltará daqui _____ pouco.
   i) Daqui _____ dez dias estarei de aniversário.
   j) _____ dias não vejo a professora Joana.
   k) _____ dois ou três anos, nada o fazia entristecer.
   l) Não _____ razão para temê-lo.
   m) _____ uma hora da tarde estarei no banco.

4) Utilize **onde** ou **aonde**.
   a) Paulo chegou _____ almejou.
   b) _____ está o esporte, está a vida.
   c) _____ está Paulo?
   d) _____ foram os meninos?
   e) A cidade _____ nasci é Bento Gonçalves.
   f) Moro _____ passam poucas pessoas.
   g) De _____ viera, não o saberia dizer.
   h) _____ mora um, moram dois.
   i) _____ está o manual?
   j) Observe _____ desejas chegar.
   k) A casa _____ resido é amarela.

l) Ele não seria doido de ir além de _____ devia.

m) _____ é que aprendeu sobre os mistérios da vida?

n) Cláudio, estás viajando para _____?

o) _____ vais tão distraído?

Referências

ABREU, Antônio Suárez. *A arte de argumentar*. São Paulo: Ateliê, 2001.

_____. *Curso de redação*. São Paulo: Ática, l991.

ANDRADE, Maria M.; HENRIQUES, Antônio. *Língua Portuguesa*: noções para cursos superiores. São Paulo: Atlas, 1992.

ASSOCIAÇÃO BRASILEIRA DE NORMAS TÉCNIAS. *NBR 6023*: informação e documentação – referências – elaboração. Rio de Janeiro: ABNT, 2002.

CITELLI, Adilson. *O texto argumentativo*. São Paulo: Scipione, 1994.

DELFORCE, Bernard. La dissertation et la recherche des idées ou: le retour de l'inventio. *Pratiques*, Metz, n. 75, p. 3-16, sept. 1992.

FIORIN, José Luiz; SAVIOLI, Francisco Platão. *Para entender o texto:* leitura e redação. 10. ed. São Paulo: Ática, 1995.

_____. *Lições de texto*: leitura e redação. São Paulo: Ática, 1996.

FONTANA, Niura Maria. Estratégias eficazes para resumir. *Chronos*, Caxias do Sul, v. 28, n. 1, p. 84-98, jan./jun. 1995.

FREIRE, Paulo. *Pedagogia da autonomia*. São Paulo: Paz e Terra, 2001.

GARCIA, Othon M. *Comunicação em prosa moderna*. 16. ed. Rio de Janeiro: Fundação Getúlio Vargas, 1995.

GARCEZ, Lucília Helena do Carmo. *Técnica de redação*. São Paulo: Martins Fontes, 2001.

GIERING, Maria Eduarda et al. *Análise e produção de textos*. São Leopoldo: UNISINOS, 1998.

GUEDES, Paulo Coimbra. Ensinar português é ensinar a escrever literatura brasileira. 1994. 598 f. Tese (Doutorado em Linguística Aplicada) – Pontifícia Universidade Católica do Rio Grande do Sul, Porto Alegre, 1994.

_____. *Da redação escolar ao texto*: um manual de redação. Porto Alegre: UFRGS, 2002.

_____. *Manual de avaliação da redação do vestibular da UFRGS*. Porto Alegre: UFRGS, [s.d.].

HALLIDAY, M. A. K.; HASAN, Rugaia. *Cohesion in english*. London: Longman, 1976.

ILARI, Rodolfo; GERALDI, João Wanderley. *Semântica*. São Paulo: Ática, 1985.

KOCH, Ingedore Grunfeld Villaça. *Argumentação e linguagem*. 3. ed. São Paulo: Cortez, 1993.

_____. *A coesão textual*. 7. ed. São Paulo: Contexto, 1994.

_____. *A inter-ação pela linguagem*. 3. ed. São Paulo: Contexto, 1997.

_____. *Texto e coerência*. 5. ed. São Paulo: Cortez, 1997.

_____; TRAVAGLIA, Luiz Carlos. *A coerência textual*. 5. ed. São Paulo: Contexto, 1989.

KÖCHE, José Carlos. *Fundamentos de metodologia científica*. 20. ed. Petrópolis: Rio de Janeiro, 2001.

LEDUR, Paulo Flávio. *Português prático*. 2. ed. Porto Alegre: IEL, 1992.

MARCUSCHI, Luis Antônio. Gêneros textuais: definição e funcionalidade. In: DIONÍSIO, Angela Paiva de; MACHADO, Anna Raquel; BEZERRA, Maria Auxiliadora. *Gêneros textuais & ensino*. Rio de Janeiro: Lucerna, 2002.

MARTINS, Dileta; ZILBERKNOP, Lúcia Scliar. *Português instrumental*. 19. ed. Porto Alegre: Sagra Luzzatto, 1997.

MORENO, Cláudio; GUEDES, Paulo Coimbra. *Curso básico de redação*. 4. ed. São Paulo: Ática, 1998.

MOTTA-ROTH, Désirée (Org.). *Redação acadêmica*: princípios básicos. Santa Maria: UFSM, 2001.

MEDEIROS, João Bosco. *Redação científica*. São Paulo: Atlas, 1999.

PÉCORA, Alcir. *Problemas de redação*. 4. ed. São Paulo: Martins Fontes, 1992.

SANTOS, Márcia Maria Cappellano dos. *O texto explicativo*. Caxias do Sul: EDUCS, 1998.

SILVA, Rebeca Peixoto. *Redação técnica*. 3. ed. Porto Alegre: Formação, 1975.

UFPR. *Normas para apresentação de documentos científicos*. Curitiba: UFPR, 2001.

VAL, Maria da Graça Costa. *Redação e textualidade*. Porto Alegre: Martins Fontes, 1993.

VANOYE, Francis. *Usos da linguagem*. São Paulo: Martins Fontes, 1996.

VIGNER, Gerard. Técnicas de aprendizagem da argumentação escrita. In: GALVES, Charlotte; ORLANDI, Eni Pulccinelli; OTONI, Paulo. *O texto*: leitura e escrita. 2. ed. Campinas: Pontes, 1988. p. 117-136.

Índice

Sumário, 5

Introdução, 7

1 Níveis de linguagem, 9

   1.1 Linguagem familiar, 10

   1.2 Linguagem popular, 10

   1.3 Linguagem comum, 11

   1.4 Linguagem cuidada, 11

   1.5 Linguagem oratória, 12

2 Coerência textual, 17

   2.1 Fatores de coerência, 19

      2.1.1 Elementos linguísticos, 19

      2.1.2 Conhecimento de mundo, 19

      2.1.3 Implícitos, 20

      2.1.4 Intertextualidade, 20

3 Coesão textual, 25

   3.1 Mecanismos de coesão referencial, 25

      3.1.1 Coesão por substituição, 26

      3.1.2 Coesão referencial, 26

      3.1.3 Coesão lexical, 27

      3.1.4 Coesão por elipse, 27

      3.1.5 Coesão por conjunção, 28

4 Operadores argumentativos, 31

5 Tipologias textuais, 39

6 Parágrafo, 49

   6.1 Estrutura do parágrafo, 50

      6.1.1 Introdução, 50

      6.1.2 Desenvolvimento, 50

      6.1.3 Conclusão, 50

   6.2 Desenvolvimento do parágrafo, 51

      6.2.1 Desenvolvimento por definição, 51

      6.2.2 Desenvolvimento por fundamentação da proposição, 52

      6.2.3 Desenvolvimento por exemplo específico, 52

      6.2.4 Desenvolvimento por comparação, 52

      6.2.5 Ordenação por enumeração, 53

      6.2.6 Ordenação por causa, 53

      6.2.7 Ordenação por causa-consequência, 54

      6.2.8 Desenvolvimento por detalhes, 54

7 Funções retóricas, 57

   7.1 Análise, 57

   7.2 Síntese, 58

   7.3 Classificação, 58

   7.4 Descrição, 59

   7.5 Definição, 60

      7.5.1 Estrutura formal da definição, 61

      7.5.2 Requisitos da definição, 61

8 Argumentação, 67

   8.1 Tipos de argumentos, 68

      8.1.1 Argumento de autoridade, 68

      8.1.2 Argumento baseado no consenso, 69

8.1.3 Argumento baseado em provas concretas, 70

8.1.4 Argumento da competência linguística, 71

8.2 Análise de um texto argumentativo, 71

9 Resumo, 79

10 Esquema/resumo, 87

11 Paráfrase, 91

12 Resenha de obra ou artigo, 95

13 Resenha temática, 105

14 Citação, 111

14.1 Citação direta, 111

14.1.1 Citação direta com até três linhas, 112

14.1.2 Citação direta com mais de três linhas, 112

14.1.3 Citação direta em rodapé, 113

14.2 Citação indireta, 113

14.2.1 Citação indireta em rodapé, 113

14.3 Citação de informação extraída da internet, 113

14.4 Citação de citação, 114

15 Referências, 117

15.1 Obras monográficas no todo, 117

15.2 Partes de obras monográficas, 120

15.3 Artigo e/ou matéria em publicação periódica, 121

15.4 Documentos jurídicos, 122

15.5 Obras e documentos em meios eletrônicos, 123

15.5.1 Obras e documentos em meios eletrônicos físicos, 123

15.5.2 Obras e documentos em meio eletrônico *online*, 123

15.5.3 *E-mail*, 125

16 Artigo acadêmico, 129

16.1 Estrutura do artigo, 130

16.1.1 Identificação, 130

16.1.2 Resumo e palavras-chave, 130

16.1.3 Corpo do artigo, 130

    16.1.3.1 Situação-problema, 131

    16.1.3.2 Discussão, 131

    16.1.3.3 Solução-avaliação, 131

16.1.4 Referências, 131

16.1.5 Anexos ou apêndices, 131

16.1.6 Data do artigo, 132

16.2 Etapas para a produção de um artigo acadêmico, 132

16.3 Redação de objetivos no artigo acadêmico, 132

17 Relatório, 135

17.1 Qualidades de um bom relatório, 135

    17.1.1 Extensão adequada, 135

    17.1.2 Linguagem, 135

    17.1.3 Exatidão, 136

17.2 Tipos de relatórios, 136

    17.2.1 Relatório técnico-científico, 136

    17.2.2 Relatório de viagem e de participação em eventos, 137

    17.2.3 Relatório de estágio, 137

    17.2.4 Relatório de visita técnica, 137

    17.2.5 Relatório administrativo, 137

    17.2.6 Relatório para fins especiais, 137

    17.2.7 Relatório progressivo, 138

17.3 Estrutura do relatório, 138

    17.3.1 Capa, 138

    17.3.2 Folha de rosto, 138

    17.3.3 Resumo, 138

17.3.4 Sumário, 138

17.3.5 Texto, 139

    17.3.5.1 Introdução, 140

    17.3.5.2 Corpo do relatório, 140

    17.3.5.3 Parte final, 140

17.3.6 Referências, 141

17.3.7 Data e assinatura, 141

17.3.8 Anexos, 141

17.4 Encaminhamento do relatório, 141

18 Estudo de texto, 143

18.1 Texto 1 – Compre sempre à vista, 143

18.2 Texto 2 – A ética ajuda a ser mais competitivo, 148

18.3 Texto 3 – Eu não como bicho, 153

18.4 Texto 4 – O sofisma da especialização, 157

18.5 Texto 5 – Pessoas! O verdadeiro valor das organizações!, 162

18.6 Texto 6 – Dólares na Suíça, filhos aqui, 167

19 Melhorando sua escrita, 171

19.1 Emprego de por quê / por que / porquê / porque, 171

19.2 Emprego de quê! / quê? / quê, 172

19.3 Emprego de há / a, 172

19.4 Emprego de aonde / onde, 173

Referências, 177

Conecte-se conosco:

f facebook.com/editoravozes

◉ @editoravozes

𝕏 @editora_vozes

▶ youtube.com/editoravozes

◉ +55 24 2233-9033

www.vozes.com.br

Conheça nossas lojas:

www.livrariavozes.com.br

Belo Horizonte – Brasília – Campinas – Cuiabá – Curitiba
Fortaleza – Juiz de Fora – Petrópolis – Recife – São Paulo

EDITORA VOZES LTDA.
Rua Frei Luís, 100 – Centro – Cep 25689-900 – Petrópolis, RJ
Tel.: (24) 2233-9000 – E-mail: vendas@vozes.com.br